VORWORT

Die tiefgründigen Fantasien kulinarischer Drummer-Künste ...

In diesem Gedanken wurzelt die Idee, ein Schlagzeugerbuch zu verfassen, das abseits der Flut von Fachliteratur den vergnüglichen Charakter der ohnehin umtriebigen Trommler-Szene hervorheben soll.
Wer rockt, der kann bestimmt auch kochen – aber kocht er genauso, wie er rockt?
Diese Frage beflügelte die Idee, die Persönlichkeiten hinter den Grooves einmal auf ganz andere Weise in den Mittelpunkt zu rücken, nämlich in der raffinierten Kunst des Kochens. Schlagzeuger aller Couleur aus dem deutschsprachigen Raum – angesagte Stars der Szene, alte Helden, Newcomer und Heroes von Pop bis Jazz, von Metal bis Elektro, von Hip Hop bis Big Band und von Klassik bis volkstümlich – waren eingeladen, dieses spannende Unterfangen mit sehr persönlichen Beiträgen an wunderbaren Kochrezepten zu verwirklichen.

Erstmalig in der Geschichte der deutschen Drummer-Szene liegt das Schlagzeuger Kochbuch vor. Es enthält eine Sammlung von 69 originalen Kochrezepten, von jedem Schlagzeuger individuell als „Lieblings-Kochrezept" angefertigt. Hinsichtlich der Auswahl an Gerichten gab es keinerlei Vorgaben. Niemand wusste, welches Gericht der andere diesem Buch zur Verfügung stellen würde. Auf diese Weise ist eine respektabel vielseitige Küche entstanden, die ein weitgefächertes Panorama zwischen Hausmannskost „einfach" und Gourmet-Klasse „anspruchsvoll" bietet. Erstaunlicherweise haben sich keine Duplikate ergeben. Lediglich zwei Rezepte tragen denselben Namen, die Art der Zubereitung unterscheidet jedoch beide Gerichte deutlich voneinander. Dies lässt vermuten, dass Kochen und Rocken vielleicht gar nicht so weit auseinanderliegen. Denn jeder Drummer kocht seine Grooves ja auf eigene Weise ...
Um die persönliche Handschrift eines jeden einzelnen Kochrezepts unverfälscht zu lassen, sind alle aufgeführten Gerichte in ihrer Originalform unverändert abgebildet. Lediglich das Lektorat hat behutsam ein paar verbale Entgleisungen und Gewürzexzesse aus dem Kochtopf gefischt. Die Rezepte aller Köche haben jeweils eine unikate Note, so wie auch alle Grooves und Rhythmen der Drummer von ihren ganz persönlichen Gewürzmischungen leben. So hat jedes Rezept seinen Beat – seinen eigenen Sound.

In diesem Sinne wünsche ich viel Vergnügen mit der illustren Welt kulinarischer Drummer-Fantasien und ebenso viel Spaß beim „Lesen" der Fotografien.

Tom Schäfer, September 2011

Und die Frikadelle rockt!

Herausgeber: Tom Schäfer
Produktion: MM-Musik-Media-Verlag GmbH & Co. KG
Fotografien: Tom Schäfer
Foto-Assistenz: Astrid Dorau
Foto-Mastering: adPhotoART.com
Grafische Gestaltung: Marc Honeck
Lektorat: Susanne Reinhold, Berlin
Idee & Konzept: Tom Schäfer

Druck: F&W Mediencenter, Kienberg

Für die Aufnahme des Portrait-Fotos von Ernst Ströer stellte die Philharmonie Köln ihre Räumlichkeit zur Verfügung

Printed in Germany
ISBN 978-3-927954-98-4

TOM SCHÄFER

Illustrative Portraits

Tom Schäfer, Jahrgang 1960, arbeitet freiberuflich als Redakteur, Autor, Fotograf und Musiker. Er war in den 1980er- und 1990er-Jahren Mitglied des renommierten Percussion-Performance-Projekts *Om Buschman* und bis 1995 Tour- und Studio-Drummer der Band *Farfarello*. Es folgten internationale CD-Produktionen und Studioarbeiten in den Bereichen Pop und World Music. Seit 1988 ist Tom Schäfer Redakteur des Schlagzeug-Magazins *Sticks*. Als Autor veröffentlichte er das Lehrbuch *Hand- und Effect-Percussion* sowie die DVD *Die Welt der Small Percussion* und schrieb Reportagen über die Trommelkulturen Kubas und Brasiliens.
Zu seinen weiteren Arbeitsfeldern gehören die Bühnenfotografie und die Entwicklung von Percussion-Instrumenten.

DANKE

Ein herzliches Danke geht an alle Schlagzeuger und Schlagzeugerinnen, Perkussionisten und Perkussionistinnen, die sich Zeit genommen haben, um ihre Lieblings-Kochrezepte aufzuschreiben und sie diesem Buch zur Verfügung zu stellen. Ohne diese Vielfalt an Rezepten wäre das Buch nicht das geworden, was es jetzt ist: ein kulinarischer Krimi, der aus einer völlig neuen Perspektive zum Entdecken der Schlagzeugerwelt und ihrer fantasievollen Köstlichkeiten einlädt.

Das Schlagzeuger Kochbuch unterstützt die Charity SchoolJam

Mit jedem verkauften Exemplar des Schlagzeuger Kochbuchs werden 4 % aus den Einnahmen der Charity SchoolJam e.V. zur Verfügung gestellt. SchoolJam, ein eingetragener und gemeinnütziger Verein, unterstützt Schulprojekte insbesondere in sozialen Brennpunkten und stattet Musik-AGs mit Musikinstrumenten aus.
Der SchoolJam-Initiative ist es wichtig, dass Schüler und Schülerinnen in der Schule mit Musikinstrumenten und der davon ausgehenden Faszination in Berührung kommen.
Musikmachen fördert Kreativität, Gemeinschaftssinn und das Gefühl für Wertigkeit in unserer Gesellschaft.
(www.schooljam.de)

Schlagzeuger Kochbuch Part II

Mancher Leser wird sich fragen, warum sein Lieblings-Schlagzeuger in diesem Buch nicht vertreten ist. Andere werden Drummer X oder Perkussionist Y vermissen. Nun ... die Riege der kochenden Drummer stellt nicht unbedingt eine persönliche Präferenz dar. Meine Liste potenzieller Kandidaten, die ich gerne gemeinsam im Buch versammelt hätte, umfasst 300 (!) Namen – allein aus dem deutschsprachigen Raum. Das Buch wäre dann wohl erst fünf Jahre später erschienen. Zum Teil haben logistische Gründe die Vorauswahl eingegrenzt, einige Schlagzeuger mussten ob ihrer völligen Kochunkenntnisse kapitulieren. Schon jetzt ist allerdings das Schlagzeuger Kochbuch Part II in Planung!
Und in diesem Kochwerk werden all jene vertreten sein, die jetzt nicht dabei sein konnten.

PETER THOMS

Frischkornbrei

Mit diesem Gericht kann man kaum bei anspruchsvollen Gästen glänzen, weder seinen Bandleader beeindrucken noch einen Produzenten gewogen stimmen. Aber man kann sich selbst gesund ernähren und seine Souveränität in Sachen Essen bewahren. Das gilt besonders für die Situation „Musiker auf Tournee".
Also: Unabhängigkeit von altöltriefenden Mischfleischklumpen an schwabbeligen Pommes!
Dig, dear Brother, freshly ground grain basic food for Body´n´Brain!
Wichtig: Besitz einer Getreide-Handmühle.

Zubereitung

Eine handelsübliche Handmühle fasst etwa 65 g Weizen. Für eine Mahlzeit die Mühle also halbvoll füllen. Zum groben Schroten der Körner braucht man etwa 450 Umdrehungen. Eine Hand hält – die andere kurbelt.
Trommler merke: Einseitig ist der Mann, der´s nicht von beiden Seiten kann.
Schrot am Abend, in der Nacht oder am Morgen mindestens 20 Minuten lang mit Wasser ansetzen.
Zerdrücke eine Banane in einer kleinen Schüssel. Ergänze mit frischen Früchten. Auch eignet sich Trockenobst (Datteln, Feigen). Den eingeweichten Kornbrei hinzufügen und mit Joghurt unterrühren. Ein paar Nüsse darin sind auch nicht schlecht.
Die Krönung: Schlagsahne!

Gaumenschmeichelnd, potenzsteigernd, fett ... Mahlzeit!

Zutaten für 1 Person
25–35 g ganze Weizenkörner (Roggen, Gerste, Hafer, Dinkel; gemischt geht auch)
1 Banane
frische Früchte wie Apfel, Blaubeeren, Mango
1 Joghurt
Nüsse
Sahne

PETE YORK

Chicken Zugabe

Manchmal finden sich im Kühlschrank noch unerwartet leckere Dinge vom Vortag – zum Beispiel etwas Hühnchen oder Pute. Diese Entdeckung kann die Fantasie zu der wunderbaren Zubereitung einer kulinarischen Köstlichkeit beflügeln.
Sollte der Kühlschrank allerdings doch nichts mehr hergeben (wie so oft), dann kann man die frischen Hühnerstücke auch einfach in Öl anbraten.

Zutaten für 4 Personen (or better still, you and another)

- 450 g gegartes Hühnchenfleisch oder Pute (in Scheiben geschnitten)
- 50 g Butter
- 25 g Mehl
- Salz, Pfeffer
- Kräuter der Provence
- 400 ml Mix aus Brühe und Milch
- 125 g geriebener Käse
- 1 EL geriebene Zwiebel
- 3 EL Dry Sherry
- 125 ml geschlagene Sahne oder Crème fraîche
- 450 g frischer oder gefrorener Broccoli (gekocht und tischfertig)
- 50 g geriebener Käse (Extraportion)
- … the rest of the bottle of sherry

Zubereitung

In einer Pfanne die Butter schmelzen, anschließend das Mehl hinzugeben und 1 Minute unter Rühren erhitzen. Jetzt Salz, Pfeffer, Kräuter der Provence, Milch und Brühe hinzugeben.

… take a mouthful from the sherry bottle and enjoy the taste

Die Sauce aufkochen, bis sie sämig ist. Nun den Käse, die Zwiebel und Sherry hinzugeben.

… take another sip of sherry for yourself

Die Schlagsahne hinzugeben. Den fertigen Broccoli in eine feuerfeste Form legen und die Hälfte der Sauce darübergießen. Einige Kräuter daraufstreuen …

… while savouring another mouthful of sherry

Broccoli und Sauce mit den vorbereiteten Fleischstücken bedecken. Eine Prise Kräuter der Provence hinzugeben sowie die restliche Sauce und die Extraportion Käse zum Schluss daraufgeben.

… well done, have another sip of sherry

Alles bei zunächst geringer Temperatur in den Ofen schieben (Grilleinstellung) und das Fleisch erhitzen. Dann die Temperatur erhöhen und backen, bis der Käse krustig braun ist.

The sherry will be gone by now, so open up a bottle of wine.

NIPPY NOYA

Soulfood

Einfach, aber lecker und gesund …

Zutaten (für Singles)
1 Lagerfeuer
Reis
1 Stück Fisch
Soyasauce
1 Banane
1 Mango
1 Papaya
1 Kokosnuss
1 Bananenblatt

Zubereitung

Man macht zunächst ein Lagerfeuer. Dann kocht man eine Portion Reis, dazu gibt's knusprig gebratenen Fisch.
Hinzu kommen etwas Soyasauce, Banane, Mango und Papaya.
Das alles breitet man auf einem Bananenblatt aus.
Dazu trinkt man Kokosmilch frisch aus der Kokosnuss.
Man schließt die Augen und stellt sich vor, dass man am Strand unter einem Palmbaum sitzt – ohne Touristen.
Man isst mit der Hand.

Guten Appetit.

percussively, nippy

Harley-Davidson

PETER BEHRENS

Grünkohl mit Pinkel

Du musst die richtige Pinkelwurst haben, am besten aus Oldenburg, sonst schmeckt der ganze Grünkohl nicht. Die Rezeptur der Wurst, die nur zur Winterzeit hergestellt wird, ist von Dorf zu Dorf verschieden. Auch hat jeder Metzger seine eigene Geheimmischung. Oft wird Gehirn vom Schwein beigemengt – Hauptsache, die Wurst ist schön fett.
Warum die Wurst Pinkelwurst heißt, darüber gehen die Meinungen auseinander.
Beim Dünsten bläht sich die Wurst richtig schön auf, dann wird sie kurz angestochen, so dass ein Pinkelstrahl rausspritzt. Das ist die eine Version. Andere sagen, dass der Schweinedarm, in den die Wurst gestopft wird, im ostfriesischen Sprachgebrauch von dem Wort Pinker abgeleitet ist.
Auf jeden Fall esse ich dieses herzhafte Wintergericht für mein Leben gern.

Zubereitung

Den Grünkohl mit einem Schluck Wasser in einem Topf bei kleiner Flamme auftauen. Inzwischen die Kartoffeln schälen und in sehr kleine Würfel schneiden. Sobald der Grünkohl aufgetaut ist, die Kartoffeln untermengen, salzen und pfeffern. Jetzt noch etwas Wasser hinzugeben, so dass der pampige Brei gerade eben abgedeckt ist.
Das Ganze 1–2 Stunden bei halb offenem Deckel leicht köcheln. Hin und wieder Wasser nachgießen und zwischendurch mit Salz und Gemüsebrühe abschmecken.
Zwischenzeitlich die Zwiebeln in sehr kleine Würfel schneiden und in Öl glasig anbraten. Zwiebeln mit Öl unter den Grünkohl unterheben. Durch die lange Garzeit entfalten die Zwiebeln ein schönes Aroma. Sind die Kartoffeln weich, so werden die ganzen Pinkelwürste auf den Kohl gelegt und 30 Minuten mitgedünstet (nicht kochen).
Wie gesagt, sie blähen sich auf, doch bevor sie zu platzen drohen, sticht man mit einer Gabel die Haut an. Ein saftiger Strahl spritzt in die Höhe und sickert in den Kohl.
Jetzt ist der Eintopf fertig und kann mit etwas Senf für die Würste verspeist werden.

Tipp: Aufgewärmt am nächsten Tag schmeckt´s doppelt so gut!

Zutaten für 2 Personen

- **1 kg Grünkohl (tiefgefroren, gehackt, vorgekocht)**
- **1 kg Kartoffeln (festkochend)**
- **2 mittelgroße Zwiebeln**
- **Pfeffer, Salz, Gemüsebrühe (gekörnt)**
- **3–4 Pinkelwürste**
- **Senf**

JÜRGEN
ZÖLLER

Linsen mit Spätzle

Zubereitung

Zwiebel zerkleinern und zusammen mit klein geschnittenem Speck in einem Topf mit heißem Öl anbraten. Mit Wasser ablöschen.
Jetzt die Tellerlinsen hinzugeben und mit Wasser auffüllen, bis es ca. 1 cm über den Linsen steht.
Karotten und Kartoffeln in kleine Würfel schneiden und dazugeben.
Mit 1 EL Gemüsebrühe und 2 EL Essig abschmecken. Auf kleiner Stufe köcheln lassen.
Sollten die Linsen zu viel Wasser aufnehmen, etwas Wasser dazugeben und immer wieder mal umrühren.
Zum Schluss die Wienerle entweder klein schneiden oder als ganze Würstchen dazugeben und ca. 5 Minuten mitkochen. Nochmals mit etwas Salz, Pfeffer und Essig abschmecken. Den Essig kann man – je nach Belieben – auch erst unter die fertige Tellerportion rühren.

Tipp: Am nächsten Tag, wenn die Linsen so richtig durchgezogen sind, schmecken sie noch besser. Dazu passen am besten selbst gemachte Spätzle!!!
Guten Appetit!

Zutaten für 4 Personen

- 300 g Tellerlinsen
- 1 mittelgroße Zwiebel
- 1 daumendicker Streifen Speck (je nach Belieben)
- etwas Öl
- 3–4 mittelgroße Karotten
- 3–4 mittelgroße Kartoffeln
- 1 EL Gemüsebrühe
- 2 EL Essig
- Salz und Pfeffer
- 2–4 Paar Wienerle (je nach Belieben)
- Spätzle

ARNOLD RIEDHAMMER

Zutaten für 4 Personen
800 g Kartoffeln (festkochend)
Salz
Pfeffer (frisch gemahlen)
200 g Schlagsahne
40 g Parmesankäse
1 EL Butter
etwas Fett für die Form

Kartoffelgratin mit Parmesan

Zubereitung

Den Backofen auf 200 Grad, Umluft 180 Grad, Gas Stufe 4 vorheizen. Kartoffeln schälen, abspülen und in dünne Scheiben schneiden oder hobeln. Kartoffelscheiben in einer gefetteten Gratinform fächerartig einschichten. Jede Lage salzen und pfeffern. Die Sahne über die Kartoffeln gießen und mit frisch geriebenem Parmesankäse bestreuen. Die Butterflöckchen auf dem Gratin verteilen. Im Ofen 35–40 Minuten goldbraun überbacken. Falls das Gratin zu dunkel wird, gegen Ende der Backzeit mit Backpapier abdecken.

Tipp: Passt zu fast allen Fleischgerichten oder wird, mit einem Salat dazu, ein vegetarisches Hauptgericht. Das Gratin lässt sich gut vorbereiten und ist deshalb ideal für Gäste.

Kategorie: Hauptgericht
Lebensmittelgruppe: Milchprodukte, Kartoffeln
Zubereitungszeit: 60 Minuten
Pro Portion: 360 kcal, 25 g Fett, 25 g Kohlenhydrate, 8 g Eiweiß

MANNI VON BOHR

Handmade Kartoffelpüree

Pro Person nehme man etwa drei mittelgroße Kartoffeln, besser vier. Erfahrungsgemäß wird mit dem Essen erst aufgehört, wenn der Topf vollkommen leer ist – weil es einfach so gut schmeckt. Beim Einkauf sollte auf beste Qualität der Kartoffeln geachtet werden, da sie eben den Geschmack machen. Man benötigt außerdem einen funktionstüchtigen Kartoffelstampfer, damit die Kartoffeln fachgerecht zu einem sämigen Brei (das heißt ohne feste Stücke darin) verarbeitet werden können. Beim Stampfen den Topf auf eine feste Unterlage (Küchenplatte) stellen. Sollte er wegrutschen, ein Küchenhandtuch unterlegen.

Zubereitung

1. Kartoffeln waschen, schälen, in gleichmäßige Stücke schneiden.
2. In gesalzenem Wasser weich kochen (ca. 20 Min.).
3. Kartoffeln abschütten, im Topf weiterverarbeiten.
4. Die Butter zu den heißen Kartoffeln geben.
5. Kartoffeln mit dem Stampfer im Topf zerkleinern, die Butter schmilzt dabei bzw. wird ebenfalls mit zerkleinert.
6. Abschmecken, ob der Brei genügend gesalzen ist, bei Bedarf leicht nachsalzen. (Achtung! Kartoffeln wurden bereits in gesalzenem Wasser gekocht.)
7. Vorsichtig kalte Milch dazugeben und weiterstampfen. Nur so viel Milch nehmen, bis das Kartoffelpüree sämig ist. Das ist abhängig von der Konsistenz der Kartoffeln. Nimmt man zu viel Milch, wird der Brei zu flüssig. Deshalb Milch in kleinen Mengen nach und nach unterrühren und dabei die Konsistenz kontrollieren (herantasten).
8. Am Schluss die Muskatnuss über den Kartoffelbrei reiben. Man kann auch fertig geriebene Muskatnuss nehmen, eine frische Nuss gibt jedoch eine feinere Note. Menge je nach Geschmack dosieren – und gut unterrühren. Abschmecken und bei Bedarf noch etwas nachsalzen. Muskat sollte reichlich genommen werden, da das Püree dann würziger schmeckt. Probieren!

In den USA wird anstelle von Muskatnuss auch gerne mal Knoblauch verwendet. Eine weitere Alternative sind Süßkartoffeln anstelle von gewöhnlichen „Erdäpfeln“. Kartoffelpüree kann zu vielen Gerichten gereicht werden, sei es zu Fleisch, Eiern oder Gemüse. Es ist ohne großen Aufwand zuzubereiten und wird immer gerne verzehrt.

Ich wünsche guten Appetit! Haut rein!!

Zutaten für 2 Personen
8–10 mittelgroße Kartoffeln, vorwiegend mehlig kochend
Salz
ca. 125 g Butter
Milch (3,5 % Fett)
Muskatnuss

UDO DAHMEN

Zutaten Fisch in Salz für 4 Personen

- 1 Mittelmeerfisch (Dorade, Goldbrasse oder Loup de Mer), ca. 1,2 kg
- 1 Zweig frischer Thymian
- 3 Knoblauchzehen
- 1 Zitrone
- 2 kg grobes Meersalz

Zutaten Tumbet für 4 Personen

- 2 große Paprika
- 1 Aubergine
- ca. 1/2 kg Kartoffeln
- 1 Zwiebel
- 1 Dose eingelegte Tomatenstückchen
- 2 Knoblauchzehen
- etwas Mehl
- Olivenöl
- Salz
- Pfeffer
- Zimt
- 2 Lorbeerblätter
- Zucker

Fisch in Salz mit Tumbet

Fisch in Salz ist eine Spezialität, die in allen Mittelmeerländern bekannt ist. Es ist mit Sicherheit die bekömmlichste, gesündeste und schmackhafteste Art, Fisch zuzubereiten.
Ich habe dieses leckere Gericht zum ersten Mal auf Mallorca kennengelernt. Dies trifft auch auf Tumbet zu, ein typisch mallorquinischer Eintopf, der besonders gut zu Fisch passt.

Zubereitung Fisch

Backofen auf 250 Grad vorheizen. Fisch waschen und trocken tupfen, Thymian waschen, 1/2 Zitrone und die Knoblauchzehen in Scheiben schneiden. Mit dem Thymian, den Zitronenstücken und den Knoblauchscheiben den Fisch füllen. Einen Teil des Meersalzes in eine große Auflaufform schütten, so dass der Boden bedeckt ist. Den Fisch auf das Salz legen und mit dem restlichen Meersalz völlig bedecken.

Zubereitung Tumbet

Backofen auf 220 Grad vorheizen und die Paprika darin rösten, bis die Haut braun ist. Währenddessen die Kartoffeln schälen und in dünne Scheiben schneiden. Die Kartoffeln in einer Pfanne mit etwas Olivenöl braten, bis sie weich und etwas bräunlich sind. Nun die Paprika aus dem Ofen nehmen und häuten. Aubergine waschen und längs in 1 cm dicke Scheiben schneiden, dann mit Mehl bestäuben und in der Pfanne von beiden Seiten goldbraun braten. Zwiebel klein schneiden und in einem kleinen Topf kurz anbraten, die Knoblauchzehen dazupressen und die Tomatenstückchen aus der Dose hinzugeben. Das Ganze mit Salz, Pfeffer, Zimt und 1–2 TL Zucker kräftig würzen, die beiden Lorbeerblätter in die Mischung geben und alles gemeinsam kurz aufkochen. Eine Auflaufform mit Olivenöl ausstreichen, zuerst die Kartoffeln hineingeben, dann die geviertelten Paprika, danach die Auberginen und schließlich die Tomatensauce.

Tumbet und Fisch zusammen in den Backofen schieben. Das Tumbet nach ca. 30 Minuten aus dem Ofen nehmen, den Fisch insgesamt ca. 40 Minuten garen.
Zum Essen passt hervorragend ein spanischer Weißwein, z. B. Vina Mocén.

Viel Spaß bei der Zubereitung und guten Appetit.

Saltimbocca à la CC mit Rosmarinkartoffeln

In Abwandlung der original römischen Küche bevorzuge ich statt des Kalbsschnitzels ein mageres Stück Lummer vom Schwein.

Zubereitung

Kartoffeln schälen, in Scheiben schneiden und in Salzwasser etwa 10 Minuten ankochen. Nicht durchkochen. Ein Backblech gut mit Olivenöl einstreichen, Kartoffelscheiben darauf verteilen und nochmals salzen. Dann die Rosmarinzweige großzügig über die Kartoffeln legen. Bei 200 Grad im Ofen backen, bis die Kartoffeln knusprig sind. Die geschwärzten Rosmarinäste entfernen. Einzelne Rosmarinnadeln können aber mitgegessen werden.
Während die Kartoffeln backen, das Lummerstück in sehr feine Scheiben schneiden (ca. 20 Stück). Diese auf einer Küchenarbeitsfläche nebeneinander auslegen, leicht pfeffern und leicht salzen. Anschließend auf jedes Stück eine gleich große Scheibe Schinken und je ein kleines Salbeiblatt darauflegen. Die Scheiben einzeln eng aufrollen und mit einem Zahnstocher fixieren, damit sie sich beim Braten nicht entrollen.
Olivenöl in einer Pfanne erhitzen und die Saltimbocca-Röllchen scharf anbraten. Hitze zurücknehmen und das Fleisch immer wieder wenden, bis es gar (ca. 5–10 Minuten je nach Fleischdicke) und von allen Seiten knusprig braun ist. Zum Schluss mit 100 ml Weißwein ablöschen, dabei mit einem Holzlöffel die Bratkruste vom Pfannenboden lösen. Jetzt die Sahne und einen gut gehäuften TL (oder auch zwei) Frischkäse zum Weinsud geben. Das Ganze verrühren und mit den Saltimbocca 2 Minuten leicht aufkochen, bis die Soße leicht cremig ist. Mit Pfeffer, Salz und einem Spritzer Sojasauce abschmecken, eventuell noch einen Schuss Weißwein hinzugeben.
Kartoffeln und Saltimbocca auf Tellern verteilen, die Soße übers Fleisch geben. Dazu reicht man einen Salat der Saison.

Sollte der Koch im Eifer der Zubereitung den restlichen Weißwein nicht bereits komplett verköstigt haben, so darf er zum Essen gekühlt serviert werden (der Wein – nicht der Koch). ... Und schon springen einem die aromatischen Röllchen in den Mund: Salt' im bocca!

Zutaten für 4 Personen

- 400 g Lummerstück (mager)
- 200 g luftgetrockneter Schinken
- frische Salbeiblätter
- frische Rosmarinzweige
- 2 kg Kartoffeln
- Pfeffer, Salz
- Sojasauce
- Olivenöl
- trockener Weißwein
- Frischkäse
- 100–150 ml süße Sahne

Werkzeuge:

Zahnstocher, scharfes großes Schneidemesser, eine große Pfanne (besser zwei)

CHARLY T

Zutaten für 2 Personen
1 Packung Tiefkühl-Fischfilet
50 g geräucherter, durchwachsener Speck
1 große Zwiebel
1 EL Essig oder Zitronensaft
Salz
etwas Rosmarin
1 TL Öl
4 EL geriebener Emmentaler-Käse
4 EL Tomatenmark

Fisch im roten Rock

Zubereitung

Zunächst den würfelig geschnittenen Speck in einer Pfanne glasig braten. Die Zwiebel schälen, halbieren, in Scheiben schneiden und mit dem Speck goldgelb braten. Den Fisch mit Essig oder Zitronensaft beträufeln, mit Salz und fein zerriebenem Rosmarin würzen.
Eine flache, feuerfeste Form oder Platte einölen, das Fischfilet darauflegen.
Anschließend mit einer Mischung aus Reibkäse, Tomatenmark, Speck und Zwiebeln bestreichen.
Im vorgeheizten Backofen bei 200 Grad 20–25 Minuten backen.
In der Form zu Tisch bringen.

Viele Grüße, Charly!

RUDI MARHOLD

Rudis rohe Thunfische

Zubereitung

Thunfisch fein würfeln und mit 1/2 TL Zucker, Pfeffer, Salz, geriebener Zitronenschale, Saft einer halben Zitrone und Tomatenfleisch marinieren.
Frühlingszwiebeln, Petersilie, Basilikum und auch das Fenchelgrün hacken und unter den Thunfisch unterheben.
Fenchelknolle fein würfeln und in heißem Olivenöl anrösten.
Nach dem Abkühlen zum Thunfisch geben.
Knoblauch in Scheiben und die entkernten Peperoni in Streifen schneiden, in reichlich Olivenöl anbraten. Abgekühlt zur Thunfischsauce geben, dabei die Schärfe kontrollieren.
500 g Spaghetti al dente kochen, mit der Thunfisch-Sauce und Parmesan auf heißen Tellern servieren.

Zutaten
300 g Thunfisch in Sushi-Qualität
250 g gehacktes Tomatenfleisch (frisch oder aus der Dose)
1 kleine Fenchelknolle
4 Frühlingszwiebeln
3 Peperoni
4 Knoblauchzehen
1 Bund Petersilie
Basilikum
1 unbehandelte Zitrone
Zucker
Pfeffer
Salz
Olivenöl
500 g Spaghetti
Parmesan

HERWIG MITTEREGGER

Pasta Primavera

Spaghetti Carbonara war gestern – Pasta Primavera ist jetzt!

Dieses Rezept ist etwas für Anhänger des unverfälschten Kräutergeschmacks. Frühlingskräuter wie Petersilie, Kerbel und Dill schmecken eher sanft-frisch, eine Mischung aus Basilikum, Salbei und Thymian plus Knoblauch dagegen herb-mediterran.
Salz ist generell wichtig, aber hier kann man einmal getrost darauf verzichten – die Kräuter haben bereits alles an Würze in sich ... dennoch kein Grund, sie zu rauchen!

Zutaten für 4 Personen

400 g schmale, flache Bandnudeln (oder Spaghetti)
8–10 EL frische (!) gehackte Kräuter
3 EL Pinienkerne
1 EL Butter
2 EL Rapsöl (Olivenöl tut es auch)
2–3 Knoblauchzehen (sehr fein geschnitten)
30 g Parmesan (gerieben)
Salz und Pfeffer (wenn überhaupt: wenig)
evtl. etwas Chili (steht so im Originalrezept, ist aber kontraproduktiv, weil geschmackszerstörend)

That's the way we do it:

Nudeln in kochendes Salzwasser geben und etwa 8 Minuten (Paketanleitung beachten!) bissfest garen. Währenddessen die Pinienkerne in einer heißen Pfanne ohne (!) Fett anrösten, aus der Pfanne nehmen und beiseite legen. In dieselbe Pfanne die Butter geben und zwei (oder drei!) sehr fein geschnittene Knoblauchzehen leicht anbräunen, aber nicht weitergaren! Das Öl und die frischen Kräuter dazugeben. 1–2 EL heißes Nudelwasser hinzufügen, damit's sämiger wird.
Die abgetropften Nudeln mit der Fett-Kräutermischung und den Pinienkernen gut vermischen. Parmesan entweder unterheben oder in einer extra Schale zum Selberstreuen (mit Löffel bitte) servieren.

YUM! Zum Reinlegen lecker!

(Ursprungsrezept aus „Vegetarisch Fit")

HAKIM LUDIN

Khabilie Palau

Reis mit Karotten und Rosinen

Das Rezept ist sehr alt und stammt aus dem Norden Afghanistans. Es hat sich durch die Moghul-Kaiser bis nach Indien verbreitet. Wenn man die afghanische Küche mit einer europäischen vergleichen wollte, so würde sie der italienischen sehr nahekommen: viel Gemüse, viel Teigwaren oder Reis und tolle Gewürze.

Zutaten
500 g Basmatireis (Asia Shop)
1 kg Lammkeule (ohne Knochen)
1/2 TL Kardamom (frisch gemahlen)
1/2 TL Pfeffer (aus der Mühle)
1 1/2 TL Garam Masala
2 TL Salz
750 ml warmes Wasser
200 g Zwiebeln
60 ml Öl
Zum Bestreuen:
500 g Möhren
100 g Rosinen
100 g Mandelstifte
100 g Pistazienstifte
2 TL Zucker
60 ml Öl

1. Reis mit kaltem Wasser waschen und 1 Stunde bedeckt in Wasser quellen lassen. Fleisch von Fett- und Hautresten befreien und in ca. 5 cm große Stücke schneiden. Zwiebeln schälen und würfeln. Kardamom, Pfeffer, Garam Masala und Salz in 750 ml warmem Wasser verrühren.
2. Die gehackten Zwiebeln in Öl hellbraun anbraten. Dann das Fleisch dazugeben und rundum kräftig anbraten. Mit der Gewürzmischung ablöschen, aufkochen und bei mittlerer Hitze 1 Stunde zugedeckt garen.
3. Rosinen entstielen, Möhren putzen, schälen und längs in dünne Scheiben, dann in schmale Streifen schneiden. Pistazien und Mandeln 15 Minuten in heißem Wasser einweichen und längs halbieren.
4. Rosinen in Öl unter ständigem Rühren so lange erhitzen, bis sie prall und rund geworden sind. Herausheben und auf einen großen Teller geben. Beiseite stellen.
5. Im selben Öl die Möhrenstreifen mit dem Zucker unter Rühren 3–4 Minuten anbraten, herausheben und ebenfalls auf den Teller geben. (Dabei achtgeben, dass die Möhrenstreifen nicht zerteilt werden.) Zuletzt Mandeln und Pistazien kurz rösten und auf den Teller geben.
6. Fleisch aus der Brühe heben und zugedeckt warm halten. Brühe durch ein Sieb in einen großen Topf gießen und aufkochen. Den abgetropften Reis hineingeben und bei mittlerer Hitze zugedeckt so lange garen, bis die Brühe aufgesogen ist (der Reis fängt dann an, leise zu knistern).
7. Fleisch, Rosinen, Möhren und Mandelmischung nebeneinander auf den Reis setzen. Mit dem Stiel eines Kochlöffels mehrere „Kamine" in den Reis drücken, so dass der Dampf entweichen kann. Topfdeckel mit einem Küchentuch umwickeln, Topf damit zudecken. Bei sehr niedriger Temperatur weitere 20–30 Minuten garen.
8. Rosinen, Möhren und Mandelmischung aus dem Topf heben. Die Fleischstücke auf eine große vorgewärmte Servierplatte legen und mit dem Reis bedecken. Rosinen, Möhrenstreifen und Mandelmischung darüber streuen und mit Gemüsesoße servieren.

Eschtehaai Khub ... Guten Appetit.

BART FERMIE

Zutaten Salat

125 g Strauchbohnen
125 g Chinakohl
125 g Sojabohnensprossen
300 g Tofu
1 Salatgurke, geschnitten
2 hart gekochte Eier
1 EL Öl

Zutaten Erdnuss-Sauce

1 Schalotte, klein gehackt
1 Knoblauchzehe
5 weiße Pfefferkörner
2 geschnittene, getrocknete Kencur (Ingwer/Gewürzlilie)
2 kleine, getrocknete, rote Chilis (können auch mehr sein ...)
1/2 TL Shrimp Paste
1 EL Tamarindenpüree
2 EL Palmzucker (alternativ feiner, brauner Zucker)
250 g Erdnussbutter
1 EL Kecap (indonesische, süße Sojasauce)
1 Prise Salz
200 ml kochendes Wasser

Gado Gado

Javanischer Salat mit würziger Erdnuss-Sauce

Zubereitung Salat

Bohnen, Chinakohl und Sojasprossen waschen, die Bohnen und den Kohl in kleine Stücke schneiden. Von den Sojasprossen die grünen Hülsen (Samenkapseln) entfernen.
Die Bohnen 7 Minuten kochen, anschließend herausnehmen. Das Wasser erneut aufkochen und den geschnittenen Chinakohl kurz sieden lassen, danach rasch aus dem Wasser heben. Den kurzen Kochvorgang mit den Sojasprossen wiederholen. Das Gemüse soll bissfest sein. Die gewaschene Gurke und die Eier in dünne Scheiben schneiden.
Den Tofu klein würfeln und in einer Pfanne in Öl für ca. 3 Minuten braun anbraten.
Zum Schluss das Gemüse, den Tofu und die Eier auf einer Salatplatte anrichten.

Zubereitung Erdnuss-Sauce

Als Werkzeug benötigt man einen Mörser mit Stößel.
(Alternativ geht's auch mit einem Elektromixer).
Schalotte, Knoblauch und Ingwer zerstampfen. Dann die weiteren Zutaten in folgender Reihenfolge hinzufügen: Salz, Pfefferkörner, Chilis, Shrimp Paste, Tamarindenpüree und Palmzucker. Das Ganze gut zerstoßen, bis eine gleichmäßige Paste entsteht.
Nun wird die Paste zusammen mit der Erdnussbutter in eine Pfanne gegeben. Alles gut verrühren und erhitzen (nicht kochen!). Jetzt Kecap (Sojasauce) und 200 ml Kochwasser hinzugeben und alles zu einer geschmeidigen Sauce verrühren. Falls nötig, noch etwas Wasser hinzufügen. Die Sauce darf nicht kochen!
Die Erdnuss-Sauce über den Salat geben.

Dazu reicht man Reis (Pandan Reis oder Jasmin Reis) und Prawn Cracker.

ADMIRAL TOP SAHNE

ROLF MÖLLER

Gespickter Dorsch à la Admiral Top Sahne

Möglichst darauf achten, fest kochenden Fisch zu kaufen. Das Gleiche geht auch mit frischem Wildlachs. Es sollte ein kompletter Fisch mit Innengräte sein.

Zubereitung

Fisch gründlich waschen, abtrocknen, mit Zitronensaft übergießen und 10 Minuten ziehen lassen. Kleine Taschen einschneiden und frisches Basilikum, etwas Pfeffer und Chilisalz in den Fisch positionieren. Nun rechts und links der Mittelgräte den Speck in dünnen Streifen einziehen. Innen und außen mit etwas Pfeffer und Chilisalz würzen. Den Dorsch in eine gut gefettete Casserole legen.
Pilze putzen und halbieren, Zwiebeln oder Schalotten schälen und vierteln. Beides in die Casserole geben. Die Butter schmelzen und den Dorsch damit übergießen. Im Backofen oder Umluftherd bei vorgeheizten 200 Grad 25–30 Minuten garen.
Zwischendurch den Weißwein über den Dorsch gießen. Tomaten mit kochendem Wasser überbrühen, damit man die Schale besser lösen kann. Haut abziehen, Tomaten vierteln und in die Casserole geben.
Sahne, frisch geriebenen Parmesan und den Senf zusammen verrühren, auf den Dorsch geben. Das Ganze maximal 10–15 Minuten ziehen und die Oberfläche anbräunen lassen.
In der Casserole servieren. Als Beilage reicht man Wildreis und frischen Chicoréesalat mit Orangenstückchen.

Von den Chicorées den Wurzelstrang am unteren Ende entfernen, waschen und in Streifen schneiden. Die Orangen schälen, Kerne entfernen, in kleine Stückchen schneiden und zum Salat geben. Das Dressing mit Weißwein-Balsamico-Essig, Olivenöl, etwas Salz, Pfeffer und einer Prise Zucker abschmecken.

Ein leichter, gut gekühlter trockener Weißwein dazu – schon ist der vergangene Kater Geschichte. **Guten Appetit und ... let´s rock.**

Euer A.T.S. Rolf Möller

Zutaten

- ca. 1,5 kg Dorsch
- 50 g durchwachsener Speck
- 500 g frische weiße oder braune Champignons
- 2 mittlere Zwiebeln oder Schalotten
- 40 g Butter
- 400 g Strauchtomaten
- 1/8 l Sahne
- 2 EL frisch geriebener Parmesan
- 1 TL scharfer Dijon-Senf
- 1 Zitrone
- 2–4 Blätter frisches Basilikum
- Pfeffer und Chilisalz
- 1/4 l Weißwein

Für den Salat:

- 4 Chicorée
- 1–2 große Orangen
- Weißwein-Balsamico-Essig
- gutes Olivenöl
- Pfeffer, Salz
- Zucker

ARMIN RÜHL

Hühnchen à la Armin Rühl

Habe ich am Wochenende mal keine Termine, gibt es nur eins: Freunde einladen, gemeinsam lecker essen und guten Wein verköstigen. Für den Wein sind meine Freunde verantwortlich, aber das Essen liegt ganz in meiner Hand.
Als Schlagzeuger bin ich es gewohnt, meinem Gefühl und meiner inneren Stimme zu folgen. Was am Ende herauskommt, ist nicht wirklich definiert. Sicher ist nur, dass es schmeckt – kein Gericht jedoch wie das andere, das widerspräche meiner Künstlerehre. Etwas verfallen bin ich den südländischen Zutaten – das erkennt ihr auch an meinem Rezeptvorschlag. Generell aber gilt: Aus dem Bauch heraus würzen und verfeinern mit allem, was der Kühlschrank so hergibt.

Zutaten für 4 Personen
1 ganzes Hühnchen
Olivenöl
Salz, Pfeffer
Zitronen (oder Limetten)
400 g Hackfleisch
reichlich Blattpetersilie
Zwiebeln
Knoblauch
1/2 l Weißwein
frische Rosmarinzweige

Zubereitung

Man nehme das Hühnchen, bestreicht es innen und außen mit gutem Olivenöl und würzt es mit grobem Salz und Pfeffer. Anschließend wird die Füllung zubereitet: Hackfleisch salzen und pfeffern. Blattpetersilie, Zwiebeln und etwas Knoblauch klein gehackt dazugeben und gut vermischen. Das mache ich am liebsten mit den Händen – geht am schnellsten.
Nun wird das Hühnchen damit gestopft und mit Hilfe von Zahnstochern wieder verschlossen. Das Ganze kommt in einen Römertopf mit ca. 1/2 Liter Weißwein. Dann wird ein wenig frisch gepresster Zitronen- oder Limettensaft über das Hühnchen gegossen. Ein paar Zweige Rosmarin daraufgelegt und ab in den vorgeheizten Ofen.
Bei 170 Grad ca. 1 1/2 Stunden garen lassen.
Als Beilage gibt es knusprige Bratkartoffeln, mariniertes Gemüse oder einfach nur Knoblauchbrot und natürlich Salat.

Während mein Hühnchen im Ofen vor sich hin gart, nutze ich die Zeit meistens noch für einen kleinen Waldspaziergang mit meinem Hund.
Wichtiger Hinweis: Für das Aufräumen der Küche ist der Koch nicht verantwortlich!

Booze & Tattoos

BERTRAM ENGEL

Rhythm & Art Auflauf

Ital./West-Indian Auberginen Nudelauflauf

Zubereitung

Aubergine waschen und in ganz kleine Würfel schneiden, Knoblauch und Zwiebel klein hacken. Reichlich Wasser für die Pasta zum Kochen bringen. Etwas Olivenöl in eine Pfanne geben und heiß werden lassen. Zwiebeln dazugeben und auf höchster Stufe glasig-braun anbraten. Knoblauch hinzufügen und ca. 1 Minute mitbrutzeln. Jetzt die Auberginenwürfel reingeben und mit Seasoning, Salz, Pfeffer und Chili würzen.
Auf kleiner Flamme brutzeln lassen, ab und zu umrühren und abschmecken.
Die Tortiglioni ins kochende Wasser geben und genau 12 Minuten kochen lassen.
Währenddessen das Raguletto in einen kleinen Topf geben, 1 EL Hotsauce hinzufügen und erhitzen (nicht kochen!).
Backofen in Umluftstellung mit ca. 100 Grad vorheizen. Auberginen checken! Sie müssen ganz weich, braun und sämig sein. Nudeln im Sieb abtropfen lassen und kurz mit kaltem Wasser abschrecken.
Nun alle Zutaten in folgender Reihenfolge in eine Auflaufform schichten:
Pasta – Auberginen – Raguletto – Reibekäse.
Das Ganze mit hauchdünnen Scheiben Gouda zum Überbacken abdecken und im vorgeheizten Backofen auf mittlerem Rost bei 180 Grad Umluft 25–30 Minuten backen lassen, bis der Gouda leicht kross ist. Fertig!

Guten Appetit!

Zutaten für 4 Personen
1 große Aubergine
300 g Barilla Tortiglioni Pasta (dicke Röhrennudeln, ähnlich wie Rigatoni)
1 Glas Raguletto Pasta Sauce (Zwiebel-Knoblauch-Geschmack)
gelbe West Indian Hotsauce (oder andere sehr scharfe gelbe Chili Sauce)
NUNU Seasoning aus Louisiana (oder andere Gewürzmischung mit Glutamat)
geriebener Pastakäse (am besten Emmentaler)
Mittelalter Gouda am Stück
getrocknete Chilischoten (gemahlen oder klein gehackt)
3 Knoblauchzehen
1 mittelgroße Zwiebel
Olivenöl
Pfeffer aus der Pfeffermühle
Salz

JOSÉ J. CORTIJO

Fischsuppe aus Ibiza mit Allioli

Zutaten für 4–6 Personen

- 1 kg frischer Fisch (z. B. Seeteufel, Kabeljau, Knurrhahn, Red Snapper)
- 2 EL Olivenöl
- 1 große Zwiebel, klein gehackt
- 1 Chilischote, klein gehackt
- 3 Knoblauchzehen, gepresst
- 6 EL gehackte Petersilie
- 1 Dose Tomaten (400 g)
- 125 ml trockener Weißwein
- 700 g Kartoffeln
- 1 Lorbeerblatt
- 200 ml Fischfond oder Wasser
- 100 g geschälte rohe Garnelen
- Salz
- frisch gemahlener Pfeffer

Zubereitung

Öl in einem großen Topf erhitzen, darin Zwiebeln und Chili weich garen. Knoblauch, Tomaten, 3 EL Petersilie und die Hälfte des Weins hinzufügen. 5 Minuten garen. Kartoffeln schälen, vierteln und diese mit Lorbeerblatt dazugeben. Mit Fischfond oder Wasser bedecken, würzen und 15 Minuten köcheln lassen. Fisch in ungefähr 4 cm große Stücke schneiden und in den Topf geben. Den restlichen Wein angießen und 10 Minuten köcheln lassen.

Alle Zutaten für die Picada in einem Mixer zu einer Paste verarbeiten, hinzufügen und im Topf verrühren. Garnelen und restliche Petersilie hinzufügen. 2 Minuten köcheln lassen.

Für die Allioli die Knoblauchpaste mit Eigelb und Zitronensaft in einem Mixer mischen und das Öl tropfenweise unterschlagen, bis eine goldgelbe Sauce entsteht. Eine Hälfte mit 2 EL Suppe mischen und in den Topf gießen. Die zweite Hälfte zum Nachwürzen auf den Tisch stellen.

Suppe auf vorgewärmten Tellern servieren. Weißbrot dazu.

Für die Picada:

- 50 g geröstete Mandeln
- 2 TL Paprika
- 2 EL Semmelbrösel
- Cayennepfeffer (nach Belieben)
- Safran
- 50 ml trockener Weißwein

Für die Allioli:

- 4 Knoblauchzehen plus 1/2 TL Salz mit Messer zerdrücken
- 2 TL Zitronensaft
- 1 Eigelb
- 175 ml Olivenöl (kalt gepresst)

MARTIN HESSELBACH

Forellen mit Kapern

Schon vor sehr, sehr langer Zeit habe ich dieses Rezept meiner Schwiegermutter (!) geklaut. Es war so einfach zu merken, ist mir gut bekommen und immer wieder gelungen. Ich glaube, sie hat es aus Frankreich mitgebracht. Die Zubereitung ist easy, stressfrei, basic ... rudimentär.

Man benötigt vier Forellen. Junge, etwas kleinere habe ich lieber als dicke Brocken. In manchen Gegenden gibt's ja noch Forellenzuchten, sonst holt man sie frisch vom Markt. Tiefgefrorene, meist zu zweien abgepackt, tun's aber auch. In jedem Supermarkt gibt's Kapern in langen, schmalen Gläschen zu kaufen. Zwei Gläser genügen. Schwierig zu finden, sicherlich. Meist stehen sie da, wo es auch eingelegte Oliven gibt.
Was man sonst noch braucht? Kartoffeln und ein halbes Pfund Butter, Salz. Und einen großen Topf sowie eine große, feuerfeste Auflauf-Form.

Zutaten für 4 Personen

- 4 frische Forellen
- 2 Gläschen Kapern
- Kartoffeln
- 250 g Butter
- Salz

Zubereitung

Kartoffeln schälen, 1/2 Stunde in Salzwasser kochen. Forellen kurz abwaschen und in einen großen Topf mit siedend heißem Wasser legen. Einen TL Salz und die Flüssigkeit aus den Kaperngläsern dazugeben. Wer will, kann auch einen Schuss Essig nehmen.
Die Forellen höchstens 15 Minuten im Wasser ziehen lassen (nicht kochen!), als ob es Bockwürstchen wären. Sie krümmen sich nun ein wenig, öffnen ihren Mund und bekommen große, weiße Augen. Offenbar fühlen sie sich so sehr wohl.
Jetzt schon mal die Auflaufform mit Schnipseln von der kalten Butter belegen und die Kapern darüber verteilen.
Nun den Backofen auf 200 Grad stellen (Umluft ist gut, ohne geht's auch) und die Fische mit großen Löffeln oder Schaumkellen aus dem Wasser hieven, abtropfen lassen und in die Form legen. Vielleicht noch ein paar hauchdünn geschnittene Butterscheibchen auf den jetzt frierenden Fisch legen und ab in den Ofen damit.
Nach ca. 15 Minuten fängt die Butter an zu brutzeln. Fertig! Jetzt noch Kartoffeln abgießen und alles auf Tellern verteilen.

Dieses Gericht benötigt keine weitere Zutat oder Beilage. Man ist vollkommen damit beschäftigt, das zarte Fischfleisch von den Gräten zu lösen. Um den großen Hunger zu stillen, zerquetscht man schnell eine Kartoffel in der heißen Butter und pickt eine Kaper hinterher. Dann freut man sich auf das nächste Stück Forellenfilet.

MARTIN VERDONK

Zutaten für 4 Personen
4 Tassen Reis
2 Dutzend Chicken Wings
1 Hühnerbrust
2 Tomaten
2 Zwiebeln
1 Knoblauchzehe
1 rote Paprika
1 Handvoll frische Mungobohnen-sprossen (Taugé)
2 Broccoli
250 g Champignons
Mais
Currypulver
süßer Ketchup
Cajun-Gewürzmischung
Olivenöl
Paprikapulver
Butter
Knoblauchbutter
Pfeffer
Salz
Maggi

Nasi Goreng & Chicken

Zubereitung

Den Reis in gesalzenem Wasser kochen. In der Zwischenzeit zwei Glasschüsseln mit Butter einstreichen. Dann die Chicken Wings mit Pfeffer, Salz, Paprikapulver, Cajun-Gewürzmischung und Maggi marinieren. Jetzt die Chicken Wings auf beide Glasschüsseln verteilen und nicht zu wenig Knoblauchbutter daraufgeben. Anschließend bei 180 Grad für 16–17 Minuten in die Mikrowelle stellen.
Jetzt die Hühnerbrust in schmale Streifen schneiden und in einer Pfanne in Olivenöl anbraten. Sobald das Fleisch braun gebraten ist, etwas Knoblauchbutter hinzugeben. Dann die klein geschnittenen Zwiebeln, Paprika und Champignons sowie etwas Currypulver hinzufügen. Die Tomaten schneiden und in die Pfanne geben.
Den Broccoli 5 Minuten kochen und ebenfalls in die Pfanne geben. Etwas Maggi hinzufügen. Sobald der Reis fertig ist, abseihen und in der Pfanne mit dem Hühnerbrust-Gemüse vermengen.
Anschließend etwas Mais hinzugeben sowie süßen Ketchup, um dem Ganzen eine feine Geschmacksnote und Farbe zu verleihen. Jetzt noch etwas gepressten Knoblauch hinzu und fertig ist das Nasi Goreng.
Inzwischen sollten auch die Chicken Wings gut sein. Zum Schluss werden die Mungobohnensprossen aufs Reisgericht gegeben.

Guten Appetit.

PABLO ESCAYOLA

Spaghetti à la Dirko Santo

Beim Percussion-Spiel kommt es nicht darauf an, viel zu spielen, sondern den Punkt zu finden, an dem ein Effekt wirkt. Das können manchmal auch kurze und leise Töne sein – kleine Effekte mit großer Wirkung. So geht's mir auch beim Kochen. Meine Devise: Einfach und lecker. Dann erreiche ich „el sabor" (spanisch: den Geschmack).

Zubereitung

Das Öl in der Pfanne erhitzen. Knoblauch (mit Schale) und Chili (gehackt) im Öl bei kleiner Hitze anbräunen, bis der Knoblauch zerdrückt werden kann. Nach ca. 2 Minuten die Pfanne leeren. Die Schärfe und das Aroma sind nun in der Pfanne. Die schwarzen Oliven werden halbiert und für ca. 1 Minute in der Pfanne angebraten. Dann die Tomaten und den Zucker dazugeben und 10–15 Minuten köcheln lassen.
Währenddessen die Spaghetti in einem großen Topf mit Salzwasser al dente kochen (8–10 Minuten).
Vor dem Servieren die Sauce mit Salz und Pfeffer abschmecken.

Eine wichtige Zutat ist frisch geriebener Parmesankäse – und davon reichlich.
Mir schmeckt dazu ein kühles Blondes.
Ein trockener Rotwein passt aber ebenso gut dazu.

Buen provecho les desea.

Zutaten für 4 Personen
500 g Spaghetti
1–2 TL Olivenöl
2–3 Knoblauchzehen mit Schale
1–2 rote frische Chili (gehackt)
1 Dose Tomaten (geschält)
1 kleines Glas schwarze Oliven (ohne Kerne)
1 TL Zucker
Salz und Pfeffer
Parmesankäse

ALTFRID M. SICKING

Obstsalat

Für mich gehören beinahe zwingend folgende Zutaten in einen Obstsalat

(6–8 Portionen):

500 g kernlose Weintrauben (mal gelb, mal rot)

1 Ananas, gestückelt

2–3 Äpfel mit Schale (oft auch 2 Birnen), gestückelt

Zitronen- oder Limettensaft

Dazu kommen weitere Früchte der Saison, am liebsten Erdbeeren (500 g), aber auch Mandarinen oder Kiwis. Wer's mag, packt noch Banane, Melone oder exotische Früchte wie Sternfrucht (macht auch optisch was her), Papaya oder Mango dazu. Alles in mundgerechte Stücke geschnitten und miteinander vermengt. Mit etwas Zitronen- oder Limettensaft übergossen, damit der Salat die Farbe behält und Äpfel und Birnen nicht braun anlaufen. Je nach Geschmack kann man Nüsse, Mandeln oder Körner dazugeben.

Der Obstsalat – das Gesellenstück des Nachtischs, der Kaiser der kalten Küche – ist nicht nur in der Zubereitung härteste Knochenarbeit. ;-) Nein, er ist auch ein 1A-Fatburner, ein Multivitamin-Cocktail für gesteigerte Vitalität und Lebensfreude, zudem das Geheimnis meiner tadellosen Figur – trotz Dauerschokogenusses und ganz ohne Fastenkur.
Auf Tour gehört der Obstsalat für mich zu den ersten und damit wichtigsten Lebensmitteln des Tages – und bereits hier zeigt sich die ganze Breite seiner Variationen. Ich gehe so weit zu sagen, dass die Güte eines Hotels sich nicht zuletzt an der Qualität seines Obstsalates bemisst. Den einen Obstsalat gibt es nicht, nein, dieses Gericht ist so unterschiedlich wie seine Schöpfer. Aus diesem Grund kann ich an dieser Stelle nur meinen persönlichen Favoriten vorstellen.

Ich esse den Obstsalat in drei Variationen:

1. Pur, gekühlt, als Snack oder zum Frühstück.
2. Mit ungesüßtem Quark, Joghurt oder Müsli als Mahlzeitenersatz.
3. Mit einer köstlichen Soße als Snack, Süßigkeiten-Ersatz oder als Nachtisch.

Und hier kommt meine favorisierte Soße. Man nehme:

250 g Schmand
1 Schuss Rum
1 TL Honig
1 Packung Vanillezucker (Bio – kein Ersatz, Konzentrat oder so'n Mist)
1 Messerspitze gemahlenes Zitronengras
Saft von einer Limette

Das Ganze verquirlen, kühlen und über eine Portion Obstsalat geben.
Und nun gaaanz langsam genießen. Danke! Bitte!

ANNE BREICK

Kulinarischer Gaumen-Groove-Attack

Toscanische Salatvariation • Nudeln mit Thunfisch-Kapern-Sauce • Westfälische Apfelsaftcreme

Intro: Martini Bianco mit Zitronenscheibe auf Eis beim Kochen

Strophe 1: Toscanische Salatvariation mit „groovender Salsa picante"
2–3 Salatherzen (vom Romana Salat)
Cherrytomaten
Mozzarella
gutes Olivenöl und Balsamico-Essig (Mischung: 4 Teile Öl, 1 Teil Essig)
1 EL Pesto (Barilla)
1 EL Dijon Créme Senf (Maille)
Salz, schwarzer frischer Pfeffer, Prise Zucker

Die Saucenzutaten zusammengeben und nach Bedarf salzen/pfeffern – gut durchrühren. Dann die Cherrytomaten hälften und zusammen mit dem gewürfelten Mozzarella in die Sauce geben. Alles gut durchziehen lassen. Kurz vor dem Essen die geputzten Salatherzenblätter unterheben.

Bridge 1: Ein guter Rotwein ... ich schwärme für spanischen Rioja.

Refrain: Nudel-Solo al Tonno y Caperi
Nudeln (Farfalle oder Penne, kurze kleine Nudeln sind von Vorteil)
1 Dose Thunfisch in Öl
1 Glas Kapern
1 Paket Frischkäse (je nach Wahl, wenig 4 % oder Vollfettstufe 40 %)

Thunfisch mit Öl (je nach Bedarf etwas Öl abkippen) in eine Schüssel geben und mit der Gabel zerkleinern. Kapernsud dazugeben. Kapern klein schneiden. Den Frischkäse hinzufügen und das Ganze verrühren. Die kalte Creme an die gekochten und abgegossenen Nudeln geben, bei kleiner Hitze unterrühren – dann servieren und genießen.

Bridge 2: Espresso oder Grappa

Strophe 2: Westfälische Apfelsaftcreme meiner Großmutter
1 Päckchen Vanillepudding zum Kochen
1 Flasche schmackhaften naturtrüben Apfelsaft (100 % Fruchtsaft)
evtl. Saft einer halben Zitrone
4 Eier
Zucker (nur bei Bedarf)
Schoko- oder Mandelstreusel
1 Becher Sahne

Das Prinzip der Herstellung heißt „kalt geschlagene Creme":
Alle Zutaten außer der Sahne in einen Topf geben.
Mit dem Mixer gut quirlen.
Vorab testen und abschmecken. Nachwürzen (Zitronensaft/Zucker). Dann unter ständigem Schlagen (Rühren) auf die Herdplatte stellen und bei kleiner Hitze aufkochen. Vorsicht – kann leicht anbrennen. Gut rühren!!! Anschließend die Creme langsam abkühlen lassen. Die Sahne steif schlagen und kurz vor dem Genießen unterheben. Zur Deko Schoko- oder Mandelstreusel drüberstreuen. Die Creme ist saftig und würzig wie ein Apfel und zergeht auf der Zunge. **Vorsicht: Macht süchtig!**

Bridge 3: Calvados oder Ramazotti pur

Schluss-Break: Ein guter spanischer Weinbrand ... Duque de Alba

LA LUNA
MY SOUL TOUR

WOLF SIMON

Spaghetti Bolognese Don Simon

Dieses Rezept habe ich schon als Kind von meiner Mutter gelernt, es aber im Lauf der Jahre immer weiter abgewandelt und an meinen aktuellen Geschmack angepasst. Es ist einfach, schmeckt sehr gut und bringt je nach verzehrter Menge viel Power oder viel Müdigkeit. Viel Spaß ...

Zutaten für ca. 3–4 hungrige Erwachsene

- **500 g italienische Hartweizen-Spaghetti (ohne Ei)**
- **500 g frisches Rinderhackfleisch (am besten Bio)**
- **2 kleine Zwiebeln**
- **2–3 Knoblauchzehen**
- **1–2 Tuben Tomatenmark**
- **400 g (1 kleine Packung) geschälte Tomaten**
- **evtl. 4–6 kleine Chilischoten, alternativ Chilipulver**
- **evtl. 1 halber Becher Sahne**
- **etwas Öl zum Braten**
- **Salz, Pfeffer, Oregano**
- **frischer Parmesan**

Zubereitung

Zuerst werden die Zwiebeln gehackt und in etwas Öl in einer größeren Pfanne goldbraun angebraten.
Vorsicht – sie werden schnell schwarz. Dann das Hackfleisch dazugeben, stets zusammen mit den Zwiebeln in Bewegung halten und während des Bratens immer weiter zerbröseln. Dabei auch schon salzen und pfeffern. Wenn alles gut angebraten ist, mit etwas Wasser ablöschen, Tomatenmark und nach Gusto die geschälten Tomaten und die Sahne hinzugeben und über eine längere Zeit verrühren.
Nach Bedarf weiteres Wasser hinzugeben, so dass sich eine gute Soßenkonsistenz ergibt – nicht zu klumpig, nicht zu flüssig. Auf kleiner Flamme kann die Soße nun ziemlich lange kochen (gelegentlich Wasser auffüllen) – der Geschmack wird mit jeder Minute intensiver.
Wer es feurig mag, kann noch die kleinen Chilischoten hineinwerfen – aber Vorsicht: Sie müssen vor dem Servieren unbedingt wieder raus, also vorher abzählen.
Einfacher geht es mit Chilipulver.
Während die Soße köchelt, die Nudeln in einem großen Topf al dente kochen.
Den Knoblauch pressen und in die Soße geben, ebenso eine Prise Oregano. Mit Salz und Pfeffer abschmecken. Die Nudeln nach dem Kochen sofort mit der Soße servieren, sonst werden sie klumpig.

Frischen Parmesan darüberreiben – **Buon appetito!**

DIETER STEINMANN

Zutaten für 4 Personen
10–12 Kartoffeln
1/2 Hokkaido-Kürbis
500 ml süße Sahne (flüssig)
1 Crème fraîche Kräuter
Streukäse zum Überbacken
Pfeffer, Salz, Kurkuma, Kräutergewürzmischung

Zutaten für 4 Personen
1 Päckchen Löffelbiskuit
2 Becher Mascarpone
1 Glas Vanillesauce
Amaretto
1 Glas Kirschen
Speisestärke

Kartoffelauflauf mit Kürbis

Mein Rezept für ein wunderbar wohlschmeckendes, vegetarisches Hauptgericht. Im Anschluss folgt ein unvergleichlich leckeres Dessert.

Zubereitung

Backofen auf 220 Grad vorheizen. Kartoffeln schälen und in kleine Würfel schneiden. Kürbis ebenfalls klein würfeln, Kerne raus. (Schale kann abgeschabt werden, muss aber nicht – sie wird auch sehr weich.)
In eine Auflaufform eine Lage Kartoffeln, dann eine Lage Kürbisstücke schichten. Diese würzen und mit 1/3 der Sahne aufgießen. Obendrauf eine Schicht Crème fraîche geben. Mehrere dieser Lagen wiederholen (meist sind es drei). Am Ende den Käse darüber streuen und das Ganze für ca. 40 Minuten im Backofen garen. Fertig!

Kirsch-Tiramisu

Zubereitung

Löffelbiskuits schichten. Mascarpone, Amaretto und Vanillesauce mischen. Diese zwischen und auf die Biskuits verteilen. Die Hälfte des Kirschsaftes mit Speisestärke kochen, Kirschen hinzugeben und erkalten lassen. Danach auf der Mascarponemasse verteilen.

Isaiah BERLIN

ERNST STRÖER

Rombi mit Entenragout

Versuchen Sie die Rombi, wenn Sie nicht in Eile sind und gerade einen ganz besonderen Honig (z. B. Rosmarinhonig oder Kastanienhonig) zu Hause haben. Das Ganze funktioniert natürlich auch mit Penne und Ihrem Frühstückshonig. Sollten Sie zufällig ein Glas Maronicreme im Schrank haben, können Sie den Honig auch durch einen guten Esslöffel davon ersetzen – die Creme allerdings erst kurz vor Ende der Kochzeit dazugeben! Und wenn es abends schnell gehen soll, dann lassen Sie das Ragout einfach köcheln, während Sie frühstücken.

Zutaten
500 g Rombi (oder Penne)
1 Entenbrust
500 g fein gehackte Tomaten (frisch oder aus dem Glas)
1 dl Rotwein
1 kleine Karotte
1 Zwiebel
2 Knoblauchzehen, am besten frisch
1 guten TL Honig (oder 1 guten EL Maronicreme)
3–4 Rosmarinzweige
1 Lorbeerblatt
Pfeffer, Salz
frisch geriebener Parmesan

Zubereitung

Achten Sie darauf, dass die Entenbrust Zimmertemperatur hat. Zuerst lösen Sie die weiße Fettschicht, den Bruststpeck, vom Brustfleisch ab. Sie lässt sich fast komplett abziehen, für den Rest benutzen Sie ein kleines Messer. Legen Sie den Brustspeck zur Seite. Halbieren Sie anschließend das Brustfleisch der Länge nach und schneiden Sie es quer in sehr dünne Scheiben. Stellen Sie eine große Pfanne auf und legen Sie den Brustspeck hinein. Stellen Sie schwache bis mittlere Hitze ein und braten Sie aus dem Speck schön vorsichtig 2 bis 3 EL Fett heraus. Geduldig sein, mehrmals wenden und nicht zu heiß werden lassen! In der Zwischenzeit hacken Sie die Karotte, die Zwiebel und die Knoblauchzehen klein.
Nach etwa 10 Minuten sollte genug Fett ausgetreten sein. Wenn nötig, schöpfen Sie überschüssiges Fett ab. Den Speck, der nur leicht gebräunt sein sollte, können Sie jetzt wegwerfen. Erhöhen Sie die Temperatur etwas und verteilen Sie das Kleingehackte von Karotte, Knoblauch und Zwiebel in der Pfanne. Lassen Sie die Sache 1 Minute in Ruhe vor sich hin zischeln. Dann gehen Sie auf höchste Temperatur, geben das Entenfleisch dazu und verteilen es schnell, aber vorsichtig in der Pfanne. Kein wildes Herumrühren! Salzen, pfeffern, den Honig drüberträufeln und kurz anbräunen lassen, dann wenden. Nochmals kurz anbräunen und mit dem Rotwein ablöschen. Aufkochen lassen und nach 1 Minute die Tomaten und das Lorbeerblatt dazugeben. Hitze reduzieren, Deckel aufsetzen und 60 Minuten ganz leicht köcheln lassen. Aufpassen, dass die Sache nicht zu sehr einkocht! Nach 30 Minuten legen Sie die frischen Rosmarinzweige dazu. Am Ende der Kochzeit entfernen Sie die Rosmarinzweige vorsichtig wieder. Wenn das Ragout noch sehr flüssig ist, können Sie es jetzt ohne Deckel etwas einkochen lassen. Schmecken sie mit Salz, Pfeffer und Honig ab.
Kochen Sie die Rombi al dente und fangen Sie beim Abgießen etwas Kochwasser auf. Vermischen Sie die Rombi mit dem Ragout und geben Sie, falls Ihnen das Ganze zu massiv vorkommt, etwas von dem Kochwasser dazu. Verteilen Sie alles auf vorgewärmte Teller und streuen Sie etwas frisch geriebenen Parmesan darüber.

MARKUS PASSLICK

Heuschrecken

Insekten gehören in Europa nicht gerade auf den täglichen Speiseplan, von den verschluckten Mücken und Fliegen bei sommerlichen Fahrradtouren mal abgesehen.
Dabei enthalten Insekten doppelt so viele Proteine wie Fleisch oder Fisch. Und sie sind reich an ungesättigten Fettsäuren, Mineralien und Vitaminen. Besonders unkompliziert ist die Zubereitung von Wanderheuschrecken. Sie können im Zoofachgeschäft erworben oder auch von speziellen Zuchtbetrieben per Post zugestellt werden.
Für die wechselwarmen Heuschrecken hat sich das Einfrieren als beste Tötungsmethode bewährt. Dazu werden die Tiere für mindestens zwei Stunden in die Tiefkühltruhe gegeben.
Nach dem Auftauen entfernt man den Heuschrecken mit einer kleinen Schere die Hinterbeine und Flügel.

Zutaten
50 Wanderheuschrecken
0,3 l Speiseöl
Sojasauce
Salz und Pfeffer
Für den Dip:
2 EL Mayonnaise
2 EL Sahne
Zitrone
Curry
Geriebener Ingwer
Chilischote

Zubereitung

Öl in einem Wok oder einem großen Topf erhitzen. Die Heuschrecken in das heiße Öl geben. Nach ca. 5 Minuten sind die Heuschrecken braun und knusprig und können aus dem Öl gehoben werden. Anschließend werden sie auf einem Sieb oder einigen Blättern Küchenpapier abgetropft.
Die Heuschrecken werden auf einem Teller angerichtet und aus einem Zerstäuber mit Sojasauce angesprüht. Zum Schluss mit Salz und Pfeffer abschmecken.
Möglichst warm serviert werden.
Für den Dip werden die Mayonnaise und die Sahne verrührt und je nach geschmacklicher Neigung mit einigen Spritzern Zitrone, dem Curry, frischem Ingwer und Chili verfeinert.

Guten Appetit!

RANDY BLACK

Potlatch Salmon

Zubereitung

Ofen auf 220 Grad vorheizen. Aus Alufolie kleine Schiffchen formen und die Lachsstücke darin auf ein Backblech legen. Beide Seiten mit etwas Zitronensaft beträufeln und anschließend leicht salzen. Ein paar Butterflocken draufgeben und diese mit etwas mildem Senf bestreichen. Danach noch etwas braunen Zucker (etwa 1 TL pro Fischfilet) über den Lachs streuen. Den Fisch nun für etwa 20 Minuten im Ofen backen. Nicht zu lange backen – der Fisch ist gar, wenn sich einzelne „Schollen" leicht ablösen lassen.

Mit Ofenkartoffeln und Salat servieren. **It does taste great!**

Zutaten für 2 Personen

4 Lachsfilets (ca. 500 g), am besten gefroren

Zitronensaft

Salz

Butter

Senf

brauner Zucker

MICHAEL WOLPERS

Zutaten für 2 Personen
400 g Thüringer Mett
2 Brötchen vom Vortag oder Weißbrot mit Rinde
2 Zwiebeln
1 Knoblauchzehe
1/8 l Milch
125 ml Sahne
2 Eier
Salz
frisch gemahlener Pfeffer
3 EL Butter
1 TL Senf
2 EL Pflanzenöl
500–750 g Kartoffeln
etwas Milch
1 Stück Butter

Frikadellen mit Kartoffelpüree

Zubereitung

Zwiebeln und Knoblauch schälen und klein würfeln. Die Milch und die Sahne in einem Topf lauwarm erhitzen, mit Salz und Pfeffer abschmecken. Die Brötchen (oder Weißbrot) klein schneiden, in eine Schale geben, mit der Sahne-Milch-Mischung übergießen und einweichen.
In der Pfanne 1 EL Butter und ein bisschen Pflanzenöl erhitzen. Darin die Zwiebeln und den Knoblauch dünsten, etwas Salz und Pfeffer dazugeben.
Das Hackfleisch in einer Schüssel salzen und pfeffern, den Senf, Eier und den Inhalt der Pfanne dazu. Die Brötchen ausdrücken und dazugeben. Alles gut vermischen.
Daraus mit den Händen Frikadellen formen. Dann das Öl und die restliche Butter in der Pfanne erhitzen. Nun die geformten Frikadellen schön braun braten.

Kartoffelpüree

Circa 1 bis 1,5 Pfund Kartoffeln schälen, mindestens vierteln (sonst wird das Stampfen anstrengend) und in Salzwasser weich kochen (ca. 20 Minuten, je nach Sorte).
Abgießen und zurück in den Topf, anschließend ein bisschen Milch und ein Stück Butter dazugeben und mit einem Kartoffelstampfer zu Kartoffelbrei verarbeiten.

Püree und Frikadellen auf einem Teller servieren. Je nach Geschmack kann man noch ein bisschen Kräuterbutter über die Frikadellen geben oder aus dem Bratensud mit Wasser und Bratensoßenpulver eine Soße bereiten.

Guten Appetit.

RALF GUSTKE

Zutaten

- 500 g Fischfilet ohne Gräten (Lachs oder Red Snapper)
- 3–4 cm frischer Ingwer, gerieben
- Saft von 2 Zitronen
- 2 TL Kurkuma/Gelbwurz
- 1/2 TL Curry
- 3 EL Sesam- oder Olivenöl
- 1 TL ganze Kreuzkümmel
- 1/2 TL schwarze Senfkörner
- 1/4 TL Zimt
- 1/4 TL Koriander
- 1 Tomate, in Würfel geschnitten
- 1 Dose Kokosmilch (400 ml)
- 1 knapper TL Tamarindenpaste
- 1 TL Vollrohrzucker
- 1/4 TL schwarzer Pfeffer
- 1 TL Salz

Alle Gewürze (Kurkuma, Kreuzkümmel, Senfkörner, Koriander, Curry, Zimt, Tamarindenpaste) bekommt man im Bio- oder Asialaden.

Indisches Fischcurry à la Ralf Gustke

Zubereitung

Aus Zitronensaft, Kurkuma, Ingwer und Curry eine Marinade bereiten und die in Stücke geschnittenen Fischfilets 15 Minuten darin einwirken lassen.
Dann das Sesamöl im Topf erhitzen und Kreuzkümmel, Senfkörner, Zimt und Koriander bei mittlerer Hitze anbraten.
Tomatenwürfel, Kokosmilch, Tamarindenpaste und Vollrohrzucker hinzufügen und unter Umrühren 3 Minuten kochen.
Die marinierten Fischstücke inklusive Marinade dazugeben. Bei mittlerer Hitze das Ganze zugedeckt 3 Minuten garen. Mit schwarzem Pfeffer und Salz abschmecken.
Am besten passen Jasminreis aus dem Reiskocher dazu und Weißwein, vor allem kühler Pinot Grigio!

Mmmmmmmhhhhhh – guten Appetit!

HILKO SCHOMERUS

Japanisch Starter

Dies ist mein asiatisches Favoritenessen. Es hat den Vorteil, dass es je nach Auftragslage individuell verändert werden kann – in einem guten Monat zum Beispiel mit Rinderfilet, in schlechten Zeiten nimmt man statt Fleisch 'ne Paprika oder einfach nix.

Zutaten für 2 Personen
200 g Puten-/Hähnchenfleisch
1 kleine weiße Zwiebel, geschält
2 Frühlingszwiebeln, geschält
1 große Möhre, geschält
150 g kleine Champignons, Stiele geputzt
1/4 Chinakohl
60 g Mungbohnensprossen
70 g Bambussprossen aus der Dose, abgegossen
50 g japanische Sukiyaki-Nudeln (Glasnudeln)
2 Eier
Sojasauce
Zucker
... und Reis!

Zubereitung

Also – zu Anfang den Reis aufsetzen, dies in jedem Fall ohne Salz, weil sehr japanisch. Danach alle Zutaten schön (der Optik halber) auf der Anrichte drapieren. Alle Beilagen sind in kleine Stücke geschnitten, das Fleisch in kleine Würfel oder Scheiben. Nun werden alle Zutaten einzeln und in kleinen Häufchen an den Rand der Pfanne (oder in den Wok) gegeben. Das Ganze sieht anschließend aus wie eine angeschnittene Torte. Die einzelnen Füllmengen variieren je nach Geschmack, Pfannengröße, Auftragslage, Steuerbescheid etc. Pfanne oder Wok sollten gut vorgeheizt sein! Wasser, Zucker (mehr als man denkt) und Sojasauce zusammen über die Zutaten geben. Nun lässt man alles mit Deckel (!) vor sich hin köcheln und gibt je nach Geschmack nochmals Wasser, Zucker (mehr als man denkt) und Sojasauce hinzu. Auch wenn's komisch klingt, man braucht kein Salz, keinen Pfeffer oder andere Gewürze. Das Fleisch zwischendurch auflockern, ansonsten alles so liegenlassen und nicht vermischen. Nach etwa 30 Minuten ist das Ganze fertig und kann verspeist werden. Jetzt kommt noch eine etwas gewöhnungsbedürftige Komponente hinzu: das Ei. Man schlägt es roh in die eigene Essschale, verquirlt es gut, sucht sich (bevor andere hungrige Musiker das tun) seine Lieblingszutaten aus dem Wok und gibt sie auf das gequirlte Ei in die Essschale. Nix umrühren – einfach essen und zusehen, dass auch ein bisschen Ei mit auf der Gabel bzw. (bei Schlagzeugern selbstverständlich) zwischen den Stäbchen ist.

Dazu den Reis in einer Extraschale servieren. Fertig!

Itadakimasu – Guten Appetit!

MARTIN
STOECKI
STOECK

Tagliatelle con pollo e pomodori à la Katja

Zutaten für 4 Personen
4 Hähnchenbrustfilets, in dünne Scheiben geschnitten
5 EL trockener Sherry
4–5 Zweige Rosmarin
Meersalz
schwarzer Pfeffer, frisch gemahlen
2 EL Olivenöl
6–7 Schalotten, in dünne Scheiben geschnitten
100 g Pancetta (italienischer Bauchspeck), fein gewürfelt
500 g Tagliatelle
500 g Kirschtomaten, halbiert
Parmesan

Ich hoffe, mit diesem Gericht die „Audition" in den erlesenen Kreis meiner „Koch-Kollegen" geschafft zu haben ...

Zubereitung

Das Hühnerfleisch in einer Schüssel mit dem Sherry übergießen. Mit dem Rosmarin sowie Salz und Pfeffer würzen, gut durchmischen und 30 Minuten ziehen lassen.
Öl in einer Pfanne erhitzen. Die Schalotten mit dem Pancetta bei mittlerer Temperatur etwa 5 Minuten anbraten und dabei häufig umrühren. Pasta inzwischen in einem Topf in reichlich sprudelndem Salzwasser al dente (!) kochen.
Das Fleisch samt der Marinade in die Pfanne zu Schalotten und Pancetta geben und stark anbraten. Tomaten hinzufügen und alles zusammen noch einige Minuten köcheln lassen. Die Sauce mit Salz und Pfeffer abschmecken.
Pasta abseihen, mit der Sauce gut mischen und sofort servieren!

Nach Belieben frisch geriebenen Parmesan dazu reichen.

DRUMBASSADORS

RENÉ CREEMERS
& WIM DE VRIES

Thai-Nudeln mit Brunnenkresse und mariniertem Beefsteak

Zutaten für 4 Personen
250 g chinesische Eiernudeln
1 Limone
4 Beefsteaks
4 EL rote Thai-Currypaste
5 EL Reisöl
6 schmackhafte Strauchtomaten (halbiert)
3 Knoblauchzehen (dünn geschnitten)
1 Bund Paksoi (holl. Chinakohl, Mangold) in breiten Streifen
75 g Brunnenkresse
2 EL gerösteter Sesam
Tool: Aluminiumfolie

Zubereitung

Nudeln nach Anweisung kochen und in einem Sieb abtropfen lassen. Die Limone waschen und die grüne Schale auf einen kleinen Teller reiben. Anschließend die Frucht auspressen und den Saft auffangen.
Die Beefsteaks mit 1 EL Currypaste rundum einstreichen und nach Geschmack salzen. 2 EL Öl in einer Pfanne erhitzen und das Fleisch rundum braun braten (ca. 5 Minuten), von innen sollte es rosa sein. Dann die Beefsteaks in Aluminiumfolie wickeln und warm halten.
3 EL Öl in einem Wok erhitzen und 1 EL Currypaste einrühren. Hierin die Tomaten 2 Minuten brutzeln – herausnehmen und in einer Schale parken. Jetzt den Knoblauch, den Rest Currypaste und die geriebene Limonenschale 1 Minute im Öl anbraten. Anschließend den Paksoi hinzufügen, etwas Limonensaft (1 EL) darübergeben und alles 2 Minuten unter Rühren durchbrutzeln.
Die Nudeln in den Wok geben, unter den Paksoi heben und durchwärmen.
Die Beefsteaks in dünne Scheiben schneiden und mit den Nudeln, der Brunnenkresse und den Tomaten servieren. Zum Schluss etwas Sesam drüberstreuen.

Geniet van uw maaltijd.

Pinda Bravoe – Erdnuss-Suppe
(Vorspeise)

Zutaten für 4 Personen (für die Drums United vervierfachen ...!)

- 1 Stange Porree
- 2 Kartoffeln
- 20 g Butter
- 1 „Madame Jeanette" Peperoni (surinamischer Pfeffer) oder 2 TL Sambal
- 1 Topf Hühnerbouillon mit Huhn
- 6–8 EL Erdnussbutter
- 2 EL Ketjap Manis (süße Sojasoße)
- Salz
- Pfeffer
- 1 hart gekochtes Ei
- 2 EL klein gehackte Sellerieblätter

Conga Chicken Creole
(Hauptspeise)

Zutaten für 4 Personen

- 4 doppelte Hähnchenschnitzel
- 1 Zitrone
- 1 Knoblauchknolle
- Sojasauce
- Pandan-Reis
- 1 Zwiebel
- 4 Paprika
- Olivenöl
- 1 kl. Dose Tomatenmark
- Hühnerbrühe (Würfel)
- 1 Becher Schlagsahne
- Koriander, Pfeffer, Salz

DRUMS UNITED

NILS FISCHER & LUCAS VAN MERWIJK

Pinda Bravoe und Conga Chicken Creole

Zubereitung Erdnuss-Suppe

Porree waschen, in weiße und hellgrüne kleine Ringe schneiden. Die Kartoffeln klein würfeln. In einem großen Topf die Butter zergehen lassen. Darin den Porree und die Kartoffeln 2 Minuten lang unter Rühren anbraten. Peperoni bzw. Sambal sowie die Bouillon (ohne das Hühnerfleisch) und 0,8 l Wasser hinzugeben. Fünf Minuten auf kleiner Flamme kochen lassen.
Inzwischen das Hühnerfleisch in kleine Stücke schneiden und in die Suppe geben. Erdnussbutter und Ketjap unterziehen. Mit Salz, Pfeffer und evtl. mehr Sambal abschmecken und das Ganze gut erhitzen. Vor dem Servieren die Peperoni herausnehmen. Das hart gekochte Ei klein schneiden und zusammen mit dem Sellerie die Suppe garnieren.

Variation: Das Ei durch Bananenscheiben ersetzen und mit der Erdnussbutter ein Päckchen Santen (geraspelte Kokosnuss) unterziehen.

Zubereitung Chicken

Die Hähnchenschnitzel waschen, auseinanderschneiden und nochmals halbieren, so dass insgesamt 16 kleine Stücke entstehen, die mit dem Schnitzelhammer bearbeitet werden. Den Knoblauch in dünne Scheiben schneiden, mit ein wenig (!) Sojasauce und dem Saft einer Zitrone vermengen. Die Hähnchenstücke darin einlegen.
Jetzt einen Topf mit etwa sechs Zentimeter Salzwasser aufsetzen und einen „kleinen Berg" Pandan-Reis hineingeben – und zwar so viel, dass er gerade die Wasseroberfläche berührt. Aufkochen, dann auf kleiner Flamme ziehen lassen (Deckel halb geschlossen). Nach 8 Minuten ausschalten, Deckel schließen und wieder ziehen lassen. Inzwischen die Zwiebel sehr klein schneiden und die vier Paprika in kleine Stücke würfeln.
Nun die Hähnchenschnitzel ohne den Knoblauch (nicht wegwerfen) in einer Pfanne mit reichlich Olivenöl goldbraun braten. Anschließend abgedeckt in einem Topf bei 100 Grad in den Backofen stellen.
In derselben Pfanne die Zwiebel mit Olivenöl glasig anbraten. Anschließend die Paprikawürfel dazugeben. Hitze herunterschalten und eine kleine Dose Tomatenmark sowie einen Brühwürfel (Hühnerbrühe) hinzugeben. Das Ganze anbraten und anschließend die Hälfte des gebrauchten Knoblauchs hineinpressen. Eine Tasse Wasser hinzugeben, köcheln lassen und einen Becher Schlagsahne hinzugeben. Mit etwas Koriander, Pfeffer und Salz abschmecken. Deckel drauf, 5 Minuten ruhen lassen – Soße fertig!

Conga Chicken Creole mit Frischgetränken servieren ... danach geht's auf die Bühne!

ein aus deutschen

MATTHIAS PHILIPZEN
CONNY SOMMER

Spinat-Ricotta-Tortellini an pikanter Gemüse-Tomatensauce

Zubereitung

Zucchino waschen, Karotten schälen, beides zu mittelgroßen Würfeln schneiden und in der vorgewärmten Pfanne mit dem Olivenöl bei mittlerer Hitze ca. 5 Minuten anbraten. Knoblauchzehe, Sardellenfilets und Oliven sehr klein würfeln, dazugeben und nicht zu heiß weitere 5–10 Minuten schmoren lassen. Danach Tomaten, Oregano, Rosmarin und nach Belieben Pfeffer und Salz dazugeben. Die Soße kurz aufkochen lassen und bei geringer Hitze so lange ziehen lassen, bis die Tortellini in kochendem Salzwasser gegart und der Parmesan gerieben ist.
In tiefen Tellern servieren und mit dem geriebenen Parmesan bestreuen – lecker!

Zubereitungszeit: ca. 30 min

Zutaten für 2 Personen
400 g frische Tortellini mit Spinat-Ricotta-Füllung
1 mittelgroßer Zucchino
2 Karotten
1–2 EL Olivenöl
1 Knoblauchzehe
5 Sardellenfilets
5 große grüne Oliven, entkernt
400 g passierte Tomaten
1 gestrichener TL Oregano
1 Prise Rosmarin
Pfeffer
Salz
30 g frischer Parmesan, gerieben

PITTI HECHT

Fisch

Man fange einen Fisch, dann ist er wirklich frisch. Oder man kauft ihn im Fischgeschäft ... Dann filetieren oder filetieren lassen. Unbedingt auch die Haut abnehmen.
Die verdirbt fast immer den Geschmack und macht das Ganze fischig. Also nix erzählen lassen von wegen: „Mit Haut ohne Schuppen schmeckt's besser." Das ist Propaganda, um beim Filetieren Zeit zu sparen!
Die Filets in Stücke von maximal 10 cm Länge schneiden, dann lassen sie sich beim Braten besser wenden! Wer will, kann etwas Zitronensaft auf den Fisch träufeln und verreiben. Das zieht den Fisch zusammen und er lässt sich besser wenden.
Fisch mit Zitrone schmeckt auch gut ...

Zutaten pro Person
150 g Fischfilet
2 Kartoffeln
2 Knoblauchzehen
Butter
Salz und Pfeffer
evtl. Zitronensaft

Zubereitung

Die Kartoffeln waschen und kochen. Richtig gut schmecken Kartoffeln nur mit Schale. Kleine Kartoffeln sind super. Den Fisch in Butter von jeder Seite ca. 1–2 Minuten braten. Ebenso die Knoblauchzehen.
Die garen Kartoffeln halbieren und mit der Schnittstelle in die Pfanne geben. Hitze aus, Deckel drauf und ein paar Minuten ziehen lassen. Schönes Geschirr und Besteck bereithalten, Teller vorwärmen – wenn's schnell gehen soll, einfach heißes Wasser drauf und abtrocknen.
Dann den Fisch, Kartoffeln und Garlic schön dekoriert auffischen ... äh auftischen.
Wer will, kann sparsam salzen und pfeffern.

Respectfully percussively,
PiTTi

WOLFGANG HAFFNER

Zutaten für 4 Personen
1 Hähnchen (küchenfertig vorbereitet)
500 g Fleischtomaten
2 große rote Paprikaschoten (ca. 350 g)
100 g Oliven, mit Paprika gefüllt
4 Knoblauchzehen
1 Zweig Thymian
1 Lorbeerblatt
1 kleine getrocknete Chilischote
3 EL Olivenöl
1 TL Paprikapulver
1/4 l trockener Weißwein
schwarzer Pfeffer (frisch gemahlen)
Salz
Zubereitung (ca. 45 Minuten, Garzeit ca. 50 Minuten)

Pollo Loco

Backofen auf 250 Grad vorheizen. Tomaten überbrühen, häuten und achteln.
Paprikaschoten 20 Minuten auf den Rost im Backofen legen. Wenn die Haut braun wird und Blasen wirft: häuten. Anschließend Kerne entfernen und das Fruchtfleisch in Streifen schneiden. Den Backofen auf 150 Grad zurückschalten.
Hähnchen in acht Portionen zerlegen und in einem Bräter in Olivenöl bei mittlerer Hitze hellbraun anbraten. Mit Salz, Pfeffer und Paprika würzen. Knoblauch schälen und darüber pressen.
Mit Weißwein ablöschen. Chilischote, Thymian und Lorbeerblatt sowie Tomaten und Paprikastreifen dazugeben.
Den Bräter zugedeckt ca. 50 Minuten in den Backofen (Mitte) stellen.
Oliven quer in Scheiben schneiden und ca. 10 Minuten vor Garzeit in den Bräter streuen.

Als Getränk dazu eignet sich ein trockener Weißwein.

DIRK SENGOTTA

Krabben-Nudeln

Zubereitung

Die Spaghetti mit ein paar Tropfen Olivenöl in gesalzenem Wasser kochen. Währenddessen die Zwiebeln in größere Würfel schneiden und anschließend in einer Pfanne in heißem Olivenöl glasig dünsten. Champignons in Scheiben schneiden und zu den Zwiebeln geben. Jetzt können auch die Krabben in die Pfanne. Die Paprikaschote und die Zucchini würfeln und ebenfalls dazugeben. Alles gut anschwitzen.
Für die Gewürzpaste den Knoblauch durch eine Knoblauchpresse drücken und in einen Mörser geben. Die Chilischoten hinzufügen und das Ganze reichlich pfeffern und salzen. Im Mörser alles gut zerstoßen und zu einer Paste zermahlen. Die Paste zum Krabbengemüse geben und in der Pfanne mit einem guten Schuss Olivenöl vermengen.
Hinzu kommen noch Kurkuma und Estragon.
Nun kann alles bei mittlerer Hitze mit Deckel ca. 10 Minuten braten.
Wenn die Spaghetti fertig sind, in einem Sieb abgießen, gut abschrecken und abtropfen. Mit ein paar Tropfen Öl und geriebenem Parmesan aus der Dose zum Krabbengemüse geben. Alles gut vermengen.
Zu guter Letzt wird noch das Ei über die Nudeln gegeben und verrührt, bis das Ei fest ist.

Dazu eignen sich warmes Baguette, gerne mit Knoblauchbutter gefüllt, und ein guter Rotwein.

Zutaten

- Spaghetti
- 2 große Zwiebeln
- 3–4 große weiße Champignons
- ca. 200 g Krabben
- 1 rote Paprikaschote
- 1 Zucchini
- Olivenöl
- 1 TL Kurkuma
- 1/2 TL Estragon
- geriebener Parmesan aus der Dose
- 1 Ei

für die Gewürzpaste:

- Knoblauch
- 2–3 kleine Chilischoten
- Pfeffer aus der Mühle
- Salz

ROLAND PEIL

Pollo à la abuela Ana Rosa

Zutaten für 4 Personen
4 Hähnchenschenkel
8 mittelgroße Kartoffeln
4 gehäufte TL Oregano (getrocknet & gerebelt)
1 1/2 gehäufte EL Salz (möglichst grob)
1 EL bunte Pfefferkörner
6-8 große Knoblauchzehen (oder zwei kleine frische Knollen)
1 naturbelassene Limette
dunkler Balsamico-Essig
Olivenöl
Sojasauce
Frischer Koriander

Geräte:
Holz- oder Steinmörser mit Stößel (im Notfall geht auch ein tiefer Teller und eine stabile Gabel)
Bratpfanne
große Auflaufform

Zutaten Ensalada de aguacáte
1 reife Avocado
1 kleine rote Zwiebel
1/2 Limette
Olivenöl, Tafelessig, Salz und Pfeffer

Zubereitung Pollo

Zum Einlegen der Hähnchenschenkel stellt ihr zunächst den sasón her, eine Art Marinade.
Den geschälten und grob gewürfelten Knoblauch zerstampft ihr zusammen mit dem Oregano, reichlich Salz (zum Aufsaugen des Knoblauchsaftes), den Pfefferkörnern und der abgeriebenen Limettenschale im Mörser. Dazu gebt ihr den Saft einer halben Limette und 2–4 EL Balsamico-Essig. Das Ganze vermengt ihr mit einer Gabel zu einer sämigen „Pampe“.
Jetzt nehmt ihr die Hähnchenschenkel und stecht sie mit einer Gabel rundherum ein, damit der sasòn gleichmäßig ins Fleisch eindringen kann. Am besten legt ihr die Hähnchenteile in eine Schüssel und übergießt sie mit der Marinade, die ihr mit einer Gabel noch ein wenig hineinarbeitet. Jetzt einen Deckel drauf und ziehen lassen. Je länger, desto besser!
Während die Hähnchenteile vor sich hin marinieren, bereitet ihr die Kartoffeln vor. (Vergesst derweil nicht, den Ofen auf ca. 225 Grad vorzuheizen.) Die Kartoffeln schälen und würfeln.
In der Pfanne 4–6 EL Sojasauce bei 2/3 Hitze erwärmen. Die Kartoffeln untermischen, so dass sie schön von der Sauce benetzt sind und etwa 10 Minuten anbraten. Dabei ab und zu wenden. Danach ausschalten!
Als Nächstes gebt ihr 2 EL Olivenöl in die Auflaufform und verteilt es gleichmäßig. Jetzt legt ihr die Hähnchenschenkel mit der Haut nach oben nebeneinander in die Form und begießt sie mit der restlichen Marinade und dem Saft einer halben Limette. Danach die Kartoffeln mit der Sojasauce drum herum drapieren. Über das Ganze gebt ihr noch ein paar Spritzer Olivenöl und dann ab in den Ofen.
Nach ca. 20 Minuten solltet ihr die Hähnchenteile wenden und nach weiteren 20–25 Minuten dürfte das „Pollo à la abuela Ana Rosa“ fertig sein. Hierbei ein wenig auf euer Gefühl vertrauen – kann sein, dass es je nach Ofen etwas länger dauert. Den Koriander nimmt man für die Deko oben drau.
Dazu reicht man Basmati- oder thailändischen Duftreis und einen Ensalada de aguacáte.

Zubereitung Avocadosalat

Avocado schälen und würfeln, Zwiebel schälen und grob hacken, zusammen in eine Schüssel geben, salzen und pfeffern, den Saft einer halben Limette, einen Spritzer Essig und ein EL Olivenöl dazugeben, vorsichtig vermischen, fertig! Wer möchte, kann noch ein paar Tomatenwürfel drüberstreuen und das Ganze mit einigen Korianderblättern verzieren bzw. abschmecken.
Jetzt vier Teller nehmen, den Reis mit einer Tasse portionieren und auf die Teller stürzen (diese Servierart nennt sich übrigens „timbal“). Je einen Hähnchenschenkel dazu, etwas von dem Avocadosalat daneben: Eh voilà, mi plato preferido – mein Lieblingsgericht ist serviert.

Buen Provecho! Davor, dazu und insbesondere danach empfehle ich den ein oder anderen Mojìto ...!

ALEX VESPER

Spaghetti mit Pesto

Es gibt tatsächlich etwas, das ich mir selber „koche“ ...

Zubereitung

Wenn man das Nudelwasser im Wasserkocher zum Kochen bringt und anschließend an den Gasherd wechselt, dauert die komplette Sache nur 7 Minuten. Während der 3 Minuten, die die Capellini im Salzwasser zum Kochen brauchen, stell' ich meine Pfanne auf den Spaghetti-Kochtopf und gebe die haltbare „Ja"-Schlagsahne pfannenbodenbedeckend rein. (Die Sahne macht ihrem Namen alle Ehre ... dauert ewig, bis die schlecht wird.)
Aus dem Glas zwei gehäufte EL Pesto alla Genovese und einen gestrichenen EL Pesto Piccante in die Pfanne geben. Diese hat durch das kochende Nudelwasser mittlerweile genau die richtige Temperatur, um Sahne und Pesto zu verrühren.
Ordentlich salzen und pfeffern und fliegender Wechsel: Pfanne aufs Feuer – Nudeln ins Sieb. Auf keinen Fall abschrecken! Hat keinen Sinn, da ich gewöhnlich vergesse, Öl mit ins Nudelwasser zu geben, die Nudeln zusammenpappen und nicht mehr zu trennen sind. Na ja, angesichts ihrer unmittelbaren Zukunft ist es ihnen auch nicht zu verdenken.
Wie dem auch sei: Mittlerweile köchelt das Pesto ordentlich, was es auch sollte, und zwar so lange, bis man das rote Öl der Piccante deutlich obenauf sieht.
Vorher schmeckt's nicht halb so gut!
Nudeln drunterheben. Fertig. Parmesan dazu. Lecker!

Zutaten

- **Spaghetti (Barilla Capellini No. 1)**
- **Pesto alla Genovese (Romina)**
- **Pesto Piccante (Romina)**
- **Schlagsahne (Ja)**
- **Pfeffer, Salz**
- **Parmesan (il Grana Padano von „Medeghini“)**

POLIZEI • FEUER
FEUERWEHR
NOTRUF + AUSKUNFT
SIEMENS

THOMAS LANG

Sauerkraut Balls

Zubereitung

Mett und Zwiebeln in der Pfanne etwa 10 Minuten braten, bis das Fleisch gebräunt ist und die Zwiebeln schön weich sind. Alles leicht abkühlen lassen. In eine große Schüssel geben und mit dem abgetropften Sauerkraut, Senf, Knoblauchsalz, Pfeffer und Brotbröseln vermengen. Den Frischkäse mit der Petersilie verrühren und unter die Sauerkrautmixtur heben. Eine Stunde kühl stellen.

Inzwischen für den Saucen-Dip den Meerrettich, die Mayonnaise, etwas Tabasco und Zitronensaft mischen.

Aus der Sauerkraut-Mixtur kleine Bällchen von etwa 3/4 inch formen und ringsum mit Mehl bedecken. In einer kleinen Schüssel Milch und Ei verquirlen.
Die Sauerkrautbällchen hineintauchen und anschließend in Paniermehl wenden.
Öl in einem Bräter erhitzen (190 Grad) und die Bällchen nach und nach für 2 bis 3 Minuten braten (fritieren), bis sie goldbraun sind. Die Sauerkraut Balls herausheben, kurz auf Küchenpapier abtropfen lassen und heiß servieren.
Dazu reicht man den Saucen-Dip.

Zutaten

- 500 g Mett oder Hackfleisch vom Schwein
- 1/4 Tasse fein gewürfelte Zwiebeln
- 400 g Sauerkraut, küchenfertig
- 1/2 TL Senf
- 1/4 TL Knoblauchsalz
- 1/8 TL schwarzer Pfeffer, gemahlen
- 2 EL Brotbrösel (Paniermehl, italienische Würzung)
- 3/4 Tasse Brotbrösel extra (italienische Würzung)
- 100 g Frischkäse
  2 EL getrocknete Petersilie
- 1/4 Tasse Mehl
- 1 Ei
- 1/4 Tasse Milch
- 6 Tassen Pflanzenöl zum Braten

Zutaten Saucen-Dip

- Meerrettich, küchenfertig
- Mayonnaise
- Tabasco
- Zitronensaft

STOPPEL
STEPHAN EGGERT

Stoppel Meatballs

Einer meiner all time favourites: Spaghetti Meatballs oder der never ending Kindergeburtstag.

Zubereitung

Für die Sauce das Olivenöl erhitzen, Knoblauch und Chili anbraten. Die Tomaten dazugeben und mit Salz und Pfeffer würzen. Eine Stunde köcheln lassen.
Das Brötchen in Milch einweichen, anschließend auspressen. Wurst und Hack in einer Schüssel vermengen. Die aufgeschlagenen Eier, Petersilie, Zwiebel, Knoblauch, Käse und Brötchen hinzugeben. Mit Muskat, Salz und Pfeffer würzen und wieder alles schön durchkneten. Mit nassen Händen kleine Bällchen formen und in Butter braten.
Die Spaghetti im Salzwasser al dente kochen, auf Teller geben, Meatballs on top, Sauce drüber – essen!!!

Zu erwähnen sei noch die Deko für die Spaghetti: Parmesanraspel und Basilikumblätter.
Dessertvorschlag: Früchte.
Getränkevorschlag: Wasser, Becks.

Zutaten

- 1 altes Brötchen
- 125 ml Milch
- 100 g Salsiccia, klein geschnitten
- 100 g Mortadella, klein geschnitten
- 400 g gemischtes Hackfleisch
- 2 Eier
- 1 EL gehackte Petersilie
- 1 Knoblauchzehe, gehackt
- 1 Zwiebel, fein gewürfelt
- 40 g Parmesan, gerieben
- Muskatnuss, gerieben
- Salz und Pfeffer
- 50 g Butter
- 450 g Spaghetti
- frische Basilikumblätter

für die Tomatensauce:

- 1 EL Olivenöl
- 3 Knoblauchzehen, gehackt
- 1 rote Chilischote, gehackt
- 2 Dosen geschälte Flaschentomaten
- Salz und Pfeffer

Dobostorta

(doboschtorta, ungarisch: Trommlertorte)

RACHEL REP

Zu Anfang sei erwähnt, dass die Zubereitung der Dobostorta viel Konzentration erfordert. Da es sich um mindestens 16 Schritte handelt, die unbedingt eingehalten werden müssen, rate ich jedem, sich die Schritte vorher durchzulesen und sich an die Maßangaben zu halten. Schließlich hat sich der Konditormeister József C. Dobos 1885 nicht umsonst nächtelang den Kopf darüber zerbrochen, wie er eine Torte schaffen könnte, die – bei der damaligen Kühltechnik – mindestens zehn Tage ihre Form bewahrt und immer noch fantastisch schmeckt.
Der atemberaubende Aufstieg des J. C. Dobos nahm seinen Lauf: ein Siegeszug in Karamell. Das Dobos'sche Gasthaus wurde über Nacht zu einer der besten Adressen in Budapest. Politiker, der gesamte europäische Adel, ach, was soll ich sagen: kein Geringerer als Franz Joseph und Königin Elisabeth sitzen bei Dobos' zu Tisch. Täglich gingen per Nachtzug speziell verpackte Torten in verschiedene europäische Hauptstädte – auch nach Berlin. Das Rezept blieb zunächst ein Geheimnis. Doch Neider und Nachahmer ließen nicht lange auf sich warten und verbreiteten ca. 120 Fälschungen. Jetzt habt ihr hoffentlich die entsprechende Haltung zu dem Janzen.
Also dann: Konzentration!

Zutaten Teig

- 8 Eier
- 150 g Kristallzucker
- 1 Vanilleschote
- 150 g Mehl
- 80 g Butter
- Salz

Zutaten Buttercreme

- 150 g Puderzucker
- 150 g Kristallzucker
- 400 ml Milch
- 40 g Vanillepuddingpulver
- 3 Eidotter
- 250 g Butter
- 100 g Zartbitterschokolade
- 80 g Nougat
- 50 g Kokosfett

Zutaten Karamell

- 150 g Zucker
- 80 g Butter

Zubereitung

1. Backrohr auf 200 Grad mit der Einstellung Ober- und Unterhitze vorheizen.
2. Acht Kreise mit je 24 cm Durchmesser auf Backpapier malen. (Acht Schichten, weil ich so gnädig bin – meine „Mudda“ macht normalerweise 15 Schichten.)
3. Eigelb, Zucker, Prise Salz und das Vanillemark so lange über einem heißen Wasserbad aufschlagen (mit dem Besen!), bis die Zutaten etwas verdicken. Das Eiweiß wird zurückgehalten und steif geschlagen.
4. Nun wird die Schüssel aus dem Wasserbad herausgenommen und die Zutaten werden kalt geschlagen.
5. Als Nächstes gibt man abwechselnd Mehl und flüssige Butter in die Schüssel und rührt verdammt noch mal weiter.
6. Dann wird der Teig mit einer Palette auf die Kreise aufgetragen, und zwar bis sie eine Dicke von 0,5 cm besitzen.
7. Im Ofen werden die Kreise 7–10 Minuten goldbraun gebacken. Also: Das Ganze lächerliche acht Mal.
8. Während die Teigkreise auskühlen, wird für die Buttercreme 2/3 der Milch erhitzt.
9. Die verbleibende Milch wird anschließend mit dem Puderzucker, Puddingpulver und den Eidottern vermischt und vorsichtig zu der kochenden Milch gegeben und wieder kräftig gerührt.
10. Im nächsten Schritt versuchen wir, die Schokolade und das Nougat mit einem Beilchen zu zertrümmern und in einem Wasserbad zu erwärmen. Währenddessen wird das Kokosfett separat geschmolzen.
11. In einer neuen Schüssel wird die Butter cremig gerührt, dann gibt man zunächst das Kokosfett, anschließend den Pudding und die leicht erwärmte Schokomasse in kleinen Portionen dazu. Nachdem die Creme ausgekühlt ist, kommt der Kristallzucker hinzu. Jetzt wird auch der Eischnee untergehoben.
12. Von den bereits abgekühlten Teigkreisen werden nun sieben mit der Creme bestrichen und anschließend ordentlich aufeinander gestapelt.
13. Der letzte Tortenboden kommt auf eine eingeölte Marmorplatte.
14. Für die Glasur – das A&O der ganzen Geschichte – karamellisiert man den restlichen Zucker.
15. Zum Karamell wird die verbleibende Butter gegeben. Diese Glasur verteilt man auf dem achten Tortenboden. Wichtig ist hierbei, dass die Glasur nicht über den Rand läuft.
16. Bevor man den achten Boden auf die anderen Schichten legt, sollte man die noch nicht so steinharte Karamellschicht schon mal in gleich große Teile schneiden, „sonst später Katastroph“.

Für kalorienbewusste Drummer: Ein Stück Dobostorta ist man schon nach sieben Gigs wieder los.

Indisches Fischcurry

CAROLA GREY

Indische Currys (Kari) sollten mit frischen Gewürzen unbedingt selbst zubereitet werden. Obwohl die verschiedensten fertigen Gewürzmischungen angeboten werden, sind sie mit frisch hergestellten nicht vergleichbar, da sie oft minderwertige Zutaten enthalten und teilweise schon zu lange in den Regalen liegen.
Der Trick ist, die Zutaten mit der richtigen Temperatur und der richtigen Dauer köcheln zu lassen, damit sie ihren vollen Geschmack entfalten können. In meiner anfänglichen Experimentierphase habe ich die Gewürze auch schon mal verbrannt. Das schmeckt furchtbar und veranlasst einen im schlimmsten Fall dazu, die Fenster aufzureißen und die Küche fluchtartig zu verlassen – vor allem wegen der Chilis. Wenn man sie jedoch nicht genügend anröstet, schmecken sie ziemlich langweilig.
Alle Zutaten vorbereiten, sprich schälen und klein schneiden. Sonst gibt's hinterher Stress.

Zutaten für 4 Personen

- 800 g weißen Fisch, frisch oder tiefgefroren (z. B. Seelachs, Rotbarsch)
- 2 Tomaten
- 2 Kartoffeln
- 4 EL Joghurt (Vollmilch)*
- 6 EL Öl, z. B. Sonnenblumen- oder Sojaöl
- 1 Stück frischer Ingwer, ca. 4 cm lang
- 150 ml Wasser
- Salz
- 3 TL Senfpulver
- 1–2 frische Chilischoten (gemäßigte Version – Anzahl nach oben offen!)**

Gewürzmischung:

- 2 TL Cumin (Kreuzkümmel), gemahlen
- 2 TL Kurkuma, gemahlen
- 1/4 TL schwarzer Pfeffer, gemahlen
- 2 TL Paprika, edelsüß, gemahlen
- 1/4 TL Chili, gemahlen

*** In Indien wird der Joghurt aus Büffelmilch hergestellt und in den meisten Haushalten täglich frisch zubereitet. Unsere Joghurts sind im Vergleich zum indischen Original zu dünn und zu sauer. Wenn man nicht gerade auf Diät ist, kann man sich aber mit einem zusätzlichen Schuss Sahne oder etwas Sauerrahm behelfen.**

**** Zur Schärfe einen Tipp: Wasser macht's nur schlimmer. Wenn, dann trockenen Reis oder Joghurt nachschieben!**

Zubereitung

Die Tomaten vierteln und die Kartoffeln in etwa würfelgroße Stücke schneiden.
Den Fisch in mundgerechte Stücke aufteilen. Die Chili(s) waschen und in kleine Scheiben schneiden. (Wer schärfeempfindlich ist, sollte das Innenleben entfernen.)
Den Ingwer schälen und sehr, sehr klein hacken.
Das Senfpulver mit 6 EL Wasser anrühren und stehen lassen. Das Öl in einer Pfanne erhitzen. Die Gewürze (ohne das angerührte Senfpulver), die Chili(s) und den Ingwer dazugeben, bei schwacher Hitze und unter ständigem Rühren ca. 5 Minuten rösten. Anschließend den Joghurt und die Tomaten dazugeben und ca. 5 Minuten unter ständigem Rühren mitbraten. Nun das Wasser dazugießen und unter Rühren aufkochen. Das angerührte Senfpulver und die Kartoffeln dazugeben und weitere 5 Minuten kochen lassen. Salzen. Den Fisch hineinlegen und bei mittlerer Hitze mit leicht geöffnetem Deckel ca. 10 Minuten garen. Dabei hin und wieder mit Sauce beschöpfen. Das Ganze mit gekochtem Reis servieren. Ein paar gesalzene Cashewkerne im Reis mitkochen, das peppt das Gericht noch auf.

Guten Appetit.

HOLGER MÜLLER

Gegrillte Lammkotelettchen mit Oregano

Zubereitung

Die Zutaten für die Marinade verrühren. Die Koteletts in eine flache Schüssel legen und mit der Marinade einreiben. Die restliche Marinade darüber gießen und 2 Stunden zum Durchziehen in den Kühlschrank stellen. Danach die Koteletts – je nach Dicke – 3 bis höchstens 4 Minuten von beiden Seiten über starker Hitze anbraten, dabei zwei bis dreimal pro Seite wenden; so bleiben sie schön saftig. Lecker …!
Als Beilage nehme ich gerne frisches, in Olivenöl gedünstetes Gartengemüse oder frischen Feldsalat; Baguette darf natürlich nicht fehlen. Und als persönliche Krönung kommt ans Fleisch mein Lieblingsgewürz Chili … der Kick fürs Scharfe. Das steigert die Lust zum Abtrommeln. :-))

Zutaten für 4 Personen
1 bis 1,5 kg Lammkoteletts (beim Metzger in 2–3 cm dicke Scheiben schneiden lassen)
1 Bund frischer Oregano
6 Knoblauchzehen, klein gehackt
250 ml Olivenöl
1 TL Salz
Saft von 2 Zitronen
1/2 TL schwarzer Pfeffer
1/2 TL Thymian
1 Messerspitze Rosmarin, gemahlen

Steak & Rucola-Rote-Bete-Salat

DIRK ERCHINGER

Vorweg: Tut euch selbst einen Gefallen und kauft das Fleisch beim Öko-Schlachter oder zumindest bei einer Fleischerei, die das Fleisch von Bauern aus der Region bezieht. Auch Salat und Gemüse empfehle ich bei einem Öko-Händler oder regionalen Gemüsehändler zu kaufen. Das Ganze kostet ein paar Euro mehr, ist dafür aber viel gesünder und schmeckt besser. Außerdem kann man bei Öko-Fleisch sicher sein, dass die Tiere ein ordentliches, wenn auch kurzes Leben auf der Weide hatten und nicht in Viehtransportern durch halb Europa gekarrt wurden.

Zutaten für 2 Personen

2 Rinderfilets (z. B. Filet mignon) à 250–300 g (Fleischdicke ca. 3 cm)
wenig Olivenöl zum Braten

Für den Salat:
2 Bund Rucola-Salat
2–3 kleine Knollen Rote Bete
2–3 Schalotten
50 g Kürbiskerne
5–7 EL Kürbiskernöl (am besten aus der Steiermark)
7–9 EL Aceto Balsamico
1 TL frischen Zitronensaft
1 TL Dijon-Senf
1 TL Honig
1 TL Kümmel
1 gestrichener TL Gemüsebrühepulver (möglichst Bio)
Parmesankäse
bunter Pfeffer aus der Mühle
Salz
Worcestersauce
Ketchup

Zubereitung

Die Rote Bete gründlich waschen, mit einer Bürste säubern und schälen. In einem Topf in Salzwasser mit Kümmel, Brühe und 2 EL Balsamico-Essig aufkochen und garen. Das dauert je nach Größe der Knollen mindestens eine halbe Stunde. Dann – wie beim Kartoffelnkochen – mit einer Messerspitze prüfen, ob die Knollen innen noch hart sind. Den Backofen auf 180 Grad vorheizen. Die Schalotten schälen und sehr klein schneiden. Die gekochte Rote Bete in 1 cm große Würfel schneiden. Rucola waschen und trocken schleudern. (Salatschleuder sollte in jedem Haushalt am Start sein!) Die Kürbiskerne in einer Pfanne ohne Öl leicht rösten.
Aus dem Kürbiskernöl, dem restlichen Essig, Dijon-Senf, Honig und Zitronensaft eine Vinaigrette rühren, die mit Pfeffer und Salz abgeschmeckt wird.
In einer großen Pfanne ganz wenig Öl stark erhitzen und das Fleisch von jeder Seite 2 bis 3 Minuten scharf anbraten. Mit Salz und Pfeffer würzen und mit einigen Tropfen Worcestersauce beträufeln. In der Pfanne oder einem Bräter im Ofen ca. 8 Minuten bei 180 Grad nachgaren.
Den Salat und die Rote Bete auf zwei große Teller verteilen, die Schalotten und die Kürbiskerne darüber streuen. Das Ganze mit der Vinaigrette beträufeln und dünne Späne Parmesan drüberhobeln. Das Fleisch neben dem Salat anrichten.

Ich empfehle auf jeden Fall Ketchup zum Steak! Steak ohne Ketchup ist wie AC/DC ohne Phil Rudd, Meters ohne Zigaboo, Stax ohne Al Jackson, Toto ohne Porcaro, Led Zeppelin ohne Bonham, Roots ohne Ahmir Thompson oder Jazzkantine ohne Erchinger ;-) – geht gar nicht!

Juten Hunger!

PS: Kürbiskernöl ist übrigens x-trem gesund ... soll Prostata-Beschwerden lindern!

DIRK BRAND

Piraten-Fischfilet

Zutaten
600 g Fischfilets (Schellfisch oder Rotbarsch ... ich bevorzuge Rotbarsch)
150–200 g Krabben
1/8 l süße Sahne
1 TL heller, milder Senf
1/8 TL Ingwer, gemahlen
1/2 TL Currypulver
1/2 TL Salz
1 TL Soßenbinder
50 g Butter
2–3 Messerspitzen Rosenpaprika
geriebene Mandeln

Beilagen: Geröstete Kartoffelecken oder Salzkartoffeln und grüner Salat

Zubereitung

Man legt die gesalzenen Fischfilets nebeneinander in eine flache Backform.
Die Sahne wird mit dem Senf, dem Ingwer, dem Curry und dem Soßenbinder vermischt.
Diese Mischung wird anschließend über die Fischfilets gegossen, die Butter setzt man anschließend in kleinen Flöckchen obendrauf. Vor dem Überbacken die Krabben und etwas von den geriebenen Mandeln auf die Fischfilets geben. Mit Rosenpaprika überpudern und die Backform bei guter Mittelhitze in den Backofen schieben.
Nach höchstens 25 Minuten sind die Fischfilets gar.
Mit gerösteten Kartoffelecken (mein Favorit) oder Salzkartoffeln und viel grünem Salat servieren. Schmeckt super lecker und ist im Handumdrehen gemacht!
Auch mit rudimentären Kochkenntnissen ist dieses Gericht leicht zu bewerkstelligen **:-)))**
Guten Hunger.

CLAUS HESSLER

Blechhahn auf Gemüsebett mit Ofenkartoffeln

Blechhahn ist übrigens meine eigene Wortschöpfung ...

Zutaten für ca. 6 Personen
1 kg Hähnchenbrust
1,2 kg Kartoffeln
800 g Tomaten
300 g Lauch
Pfeffer, Salz, Chilipulver, Paprikapulver (edelsüß)
Olivenöl
frischer Rosmarin
Madeira oder Sherry (medium dry)
Sojasauce

Zubereitung

Ofen auf 180 Grad vorheizen. Hähnchenbrust in nicht zu dicke Streifen schneiden, mit etwas Olivenöl, Pfeffer, Salz, Paprika und Chili marinieren. Ein Backblech mit Olivenöl einölen. Die rohen Kartoffeln in „Viertelspalten" schneiden, in Olivenöl wenden und auf das Blech geben, anschließend salzen.
Jetzt ein weiteres Backblech einölen. Tomaten in (nicht zu dünne) Scheiben schneiden und auf dem Blech verteilen. Danach mit Pfeffer und Salz würzen. Lauch in ca. 5 cm lange Stücke teilen, in kleine Stifte schneiden und auf den Tomaten verteilen.
Einige ernst gemeinte Spritzer Madeira sowie etwas Sojasauce darübergeben.
Die marinierten Hähnchenstreifen auf das Gemüsebett legen. Kartoffeln in den Ofen schieben und bei 180 Grad ca. 15 Minuten garen. Danach das Blech mit den Hähnchenstreifen in den Ofen geben und beides 30 Minuten bei Umluft backen. Für die letzten 5 Minuten den Backofen auf „Grillen" stellen, damit's obendrauf schön knusprig wird.
Kurz vor Ende der Garzeit ein paar Rosmarinzweige auf die Kartoffeln legen. Man kann auch Rosmarinnadeln auf die Kartoffeln bröseln.

Meine Empfehlung dazu: 3–4 Hektoliter ordentlich gekühlter Blanc de Noir oder ein gescheiter Chardonnay.

JOST NICKEL

Spaghetti Estate

Dieses Spaghetti-Gericht eignet sich sehr gut zur Sommerzeit, weil die frischen Zutaten kalt mit den dampfenden Spaghetti vermengt werden.
Herzhaft und wunderbar aromatisch!

Zutaten für 4 Personen
500 g Spaghetti (Barilla No. 3)
1 kg frische, aromareiche Tomaten
375 g Mozzarella
3-4 EL Pesto Genovese
1 gute Handvoll frisches Basilikum
Olivenöl
2 Knoblauchzehen
Pfeffer
Salz
1 Stück Parmesankäse

Zubereitung

Pfeffer, Salz und einen guten Schuss Olivenöl (gerne auch mehr) in eine Schüssel geben. Knoblauch hineinpressen. Die Tomaten und den Mozzarella in kleine Würfel schneiden und in die Schüssel geben. Alles gut vermengen und abschmecken. Jetzt die Barilla in Salzwasser al dente kochen. Inzwischen die Basilikumblätter waschen und beiseite legen. Nun muss alles sehr schnell gehen, daher sollte der Tisch mit Tellern, Besteck, Parmesan und Parmesanreibe vorbereitet sein.
Nudeln abgießen, in eine große Schüssel füllen und die Tomaten-Mozzarella-Mischung zusammen mit dem Pesto unterheben. Zum Schluss die Basilikumblätter hinzugeben und kurz unterrühren.
Die Spaghetti Estate sofort servieren, um die wunderbare Mixtur aus heißen Nudeln, kühlen Tomaten und schmelzendem Mozzarella zu genießen.
Nach Belieben frischen Parmesan drüberreiben.

Buon Appetito!

FLO DAUNER

Gaisburger Marsch

Erinnerungen an die Kindheit, kalte Wintertage und gemeinsame Abendessen. Der Gaisburger Marsch ist eines meiner absoluten schwäbischen „Favourites", für mich als Suppen- und Eintopf-Fan ohnehin ein Hochgenuss und das perfekte Essen für nasskalte Tage. Außerdem wohltuend für Seele und Geist! Auch bei Unwohlsein, Grippe und Erschöpfung bringt der „Marsch" einen schnell wieder auf die Beine. Der Gaisburger Marsch ist, wie viele regionale Reste-Gerichte, in der Kriegs- und Nachkriegszeit entstanden und wird auf verschiedene Art zubereitet – je nachdem, was an Zutaten gerade da ist. Die Basis-Zusammensetzung besteht jedoch immer aus Rindfleisch, Spätzle, Möhren, Kartoffeln, Zwiebeln und Brühe. Bis auf das viele „Geschnipfel" am Anfang ist der Gaisburger Marsch einfach zuzubereiten – für jeden (Drummer) machbar. Gaisburg ist übrigens bis heute ein Stadtteil von Stuttgart. Hier ein Rezept meiner Mutter, das mich schon mein ganzes Leben begleitet – und es ist selbstverständlich das einzig Wahre und Leckere :-)

Zutaten für 4 Personen (Arbeitszeit ca. 2 Stunden)
500 g Rindfleisch
1–2 Fleischknochen vom Rind
500 g Kartoffeln
250 g Spätzle
1–2 Zwiebeln
1–2 Knoblauchzehen
1 Bund Suppengrün (Sellerie, Möhre, Stange Lauch, Bund Petersilie)
2–3 Lorbeerblätter
1/2 TL Pfeffer
1 TL Salz
2 EL Butter
1 TL Worcestershire Sauce
etwas Schnittlauch

Zubereitung

Zwiebeln und Knoblauch schneiden und in einem Topf mit Butter andünsten. Die Petersilie klein schneiden, Sellerie, Möhre und Lauch zu kleinen Würfeln verarbeiten, dazu geben und andünsten. Dann mit ca. 1 1/2 bis 2 l kaltem Wasser aufgießen und das Rindfleisch zusammen mit den Knochen ins kalte Wasser geben. Pfeffer und Lorberblätter dazu und ca. 90 Minuten auf mittlerer bis kleiner Flamme simmern lassen. Die Spätzle und die gewürfelten Kartoffeln jeweils extra kochen und in die Suppe geben. Mit Salz abschmecken. Das Rindfleisch herausnehmen, in kleine Stücke schneiden und wieder in den Topf geben. Den Gaisburger Marsch auf Tellern servieren, noch etwas Schnittlauch oben drauf, einen Schuss Worcestershire Sauce hinzu und fertig!

FLORIAN REIN

Zwetschgenknödel

Als oberbayerischer Alpen-Vegetarier habe ich ein Gericht ausgewählt, das vor allem in Bayern und in Österreich sehr beliebt ist – eine Süßspeise, gänzlich fleischfrei, nämlich die sogenannten Zwetschgenknödel. Zwetschgenknödel kann man als Nachspeise servieren. Bei uns in Bayern werden sie jedoch meistens als Hauptgericht gegessen, vorzugsweise freitags, wenn in traditionellen bayerisch-katholischen Haushalten kein Fleisch, sondern Fisch oder eben „Mehlspeisen" auf den Tisch kommen. Zu Hause gab's die Zwetschgenknödel wegen ihrer Beliebtheit und unserer eher niedrigen katholischen Quote auch an sämtlichen anderen Wochentagen.
Zwetschgen sind übrigens Pflaumen und die Zwetschgenknödel kommen aus einer Gegend, wo der Pflaumenkuchen Zwetschgendatschi heißt und die Zwetschgenknödel eben Zwetschgenknödel und nicht Pflaumenklöße!

Man benötigt für 6–8 Knödel (das reicht für 2–3 Personen):

- 6–8 Zwetschgen
- 6–8 Stück Würfelzucker
- 1 Packung Pfanni-Knödel
- ca. 1 Tasse Semmelbrösel
- ca. 100 g Butter
- ca. 100 g Würfelzucker
- etwas Zimt

Zubereitung

Knödelteig nach Packungsvorschrift zubereiten. Zwetschgen entkernen und mit einem Stück Würfelzucker füllen. Den Knödelteig portionieren und in die Mitte die gefüllte Zwetschge drücken. Knödel formen, in gesalzenes, kochendes Wasser geben und sieden lassen, bis sie an die Oberfläche kommen (ca. 15–20 Minuten). In der Zwischenzeit die Butter schmelzen und die Semmelbrösel in einer Pfanne anbräunen. Die gegarten Knödel gut abtropfen lassen, auf einen Teller geben und je nach Geschmack flüssige Butter, Semmelbrösel, Zucker und Zimt drüber – fertig!

Das ist die schnelle Version. In der aufwendigeren Variante kann man den Knödelteig natürlich auch selber zubereiten: 1 kg gekochte geriebene Kartoffeln, Salz, 2 Eier und eine Tasse Mehl.
Den Würfelzucker kann man wahlweise auch mit Pflaumenschnaps tränken (für die Erwachsenen).

Bei einer weiteren Version verbleibt der Kern in der Zwetschge. Auch sehr gut und etwas weniger süß, weil ohne Würfelzucker. Anhand der Kerne am Tellerrand hatten wir als Kinder zudem immer den Überblick über die bereits vertilgte Anzahl Knödel.

Die Zwetschge, Prunus domestica ssp. domestica, auch Zwetschke oder Quetsche, Haus- oder Bauernpflaume, ist ein Steinobstgewächs aus der Familie der Rosengewächse. Ob sie vor 2000 Jahren aus der Schlehe, der Kirsche oder der Damaszener Pflaume hervorging, ist unklar. Schon Plinius berichtet im 17. Band seiner „Naturalis historia" von Kreuzungen und erklärt im 1. Jahrhundert n. Chr. verschiedene Verfahren des Pfropfens. 16 Jahrhunderte später beschreibt Meister Elsholtz, der mehr als 20 Pflaumensorten aufzählt, unsere Zwetschge als wahrscheinlich ungarische Pflaume.

Was ist Zwetschge, was ist Pflaume? Die Verwirrung ist immer noch groß. Sowohl das Pflaumenmus in Norddeutschland als auch das böhmische Powidl wird aus Zwetschgen eingekocht. Zwetschgen sind länglich und eiförmig und haben einen an beiden Enden spitzen Stein. Das Fruchtfleisch ist von feinsäuerlichem Geschmack. Ob Quetsch oder Slibowitz – das Grundprodukt hing an einem Zwetschgenbaum.

RHANI KRIJA

lhem hlou

Lammfilets mit Mandeln und Backpflaumen – eine marokkanische Spezialität

Ich bin mir sicher, dass Kochen und Percussion spielen vieles gemeinsam haben. Beim Kochen fügt man die passenden Zutaten – Fleisch, Gemüse, Gewürze – so zusammen, dass das „Endprodukt" dem Gaumen schmeichelt. Bei der Percussion tauscht man die Zutaten einfach durch Grooves und Klangfarben, damit das „Endprodukt" den Ohren schmeichelt. Beides ist auf gleiche Weise eine sinnliche Erfüllung!

Zutaten für 4 Personen

- 4 Lammfilets
- 750 g Schalotten
- 16 Backpflaumen
- 100 g Mandeln
- 1 walnussgroßes Stück frischer Ingwer
- 400 ml Fleischfond, vorzugsweise Lammfleischfond
- einige Fäden Safran
- eine Messerspitze Zimt
- Salz
- Pfeffer
- 3 EL Olivenöl
- 4 EL Butter
- Mandelscheiben

Zubereitung

Für die Soße Schalotten schälen und in feine Ringe schneiden. In 2 EL Butter glasieren und den Safran hinzugeben. Ingwer möglichst fein reiben und hinzufügen. Mit Salz, Pfeffer und Zimt würzen. Mit dem Fond ablöschen und Backpflaumen beigeben. Den Fond etwas einkochen lassen. Im geschlossenen Topf 20 Minuten garen. Soße beiseite stellen und warm halten.
Die Mandeln in kochendem Wasser blanchieren. Herausnehmen und abtropfen lassen. Mandeln enthäuten. In einer Pfanne ohne Fett rösten, bis sie leicht gebräunt sind. Beiseite stellen.
Die Lammfilets salzen und pfeffern. In Olivenöl von beiden Seiten bei hoher Hitze anbraten. Fleisch aus der Pfanne nehmen und Öl abschütten. Restliche Butter in der Pfanne zerlaufen lassen und Fleisch bei mittlerer Hitze bis zum gewünschten Garzustand weiterbraten.
Zum Servieren die Soße auf den Tellern anrichten. Die Lammfilets auf die Soße legen und mit Mandeln garnieren.

Dazu passt Fladenbrot oder Reis.

OLI RUBOW

Spaghetti asiatisch-vegetarisch

Ich koche leidenschaftlich gerne Spaghetti. Hier kommt eine asiatisch-vegetarische Variante, die sich warm oder kalt essen lässt.

Zutaten für 2 Personen

- 125 g Spaghetti (gerne etwas dickere)
- 3 aromatische Tomaten
- 2 frische Chilis
- 1 Frühlingszwiebel
- 3 EL Koriander
- 1 fein geschnittene Knoblauchzehe
- 1 EL klein geschnittener Ingwer
- 1 EL Olivenöl
- 3 EL Sojasauce
- 3 EL einer ausgepressten Limette
- 1 Prise Zucker

Zubereitung

Nudelwasser aufsetzen. Wenn es siedet, gut salzen und die Spaghetti kochen.
In der Zwischenzeit werden Knoblauch und Ingwer klein geschnitten, die Chilis von ihren Kernen befreit, geringelt und die Tomaten gesechzehntelt. Diese Zutaten in einer heißen Pfanne in Olivenöl kurz anbraten. Anschließend die Flüssigkeit (Sojasauce und Limettensaft) und den Koriander dazugeben. Mit einer kleinen Prise Zucker binden.
Am Ende werden die Nudeln mit der Sauce im Topf vermengt und auf dem Teller mit feinen Frühlingszwiebel-Röllchen verziert.

Das Intro zur Mahlzeit wird ein frisch gepresster Fruchtsaft.

Zum Essen trinke ich gerne ein klares Mineralwasser oder vielleicht auch ein asiatisches Bier (Singa, Chang oder Tsingtao).

Und nach dem Essen essenziell: Ein guter Kaffee. Entweder einen klassischen Espresso (ich steh' auf das Pulver der Frankfurter „Stern" Rösterei) oder einen „Verlängerten". Ein begleitender Nachtisch darf auf keinen Fall fehlen: Unkompliziert und schokoladig süß, gibt's dazu eine „Mozartkugel".

MARK ESSIEN

Kontomire Stew Spinat-Eintopf

Kontomire Stew ist eine bekannte ghanaische Delikatesse. Den Blattspinat kann man je nach Belieben roh oder vorgekocht verarbeiten: Blätter in einem Mörser zerkleinern und ungekocht zum Bratensaft geben oder erst kurz vorkochen, dann zerkleinern und zum Bratensaft geben.

Zubereitung

Das Fleisch in gefällige Stücke schneiden, waschen und mit etwas Salz, Knoblauch und Ingwer würzen. Anschließend in eine Pfanne geben, anbraten und dämpfen.
Pfeffer zerkleinern, Tomaten in Stücke, Zwiebeln in Scheiben schneiden. Die klein geschnittenen Spinatblätter waschen und die Melonenkerne in einem Mörser zerkleinern. Öl in einer Pfanne erhitzen und die Zwiebeln, die „Abeduru" Garden Eggs, das Shrimps-Pulver und den Pfeffer 2 Minuten darin braten. Jetzt die Tomatenstücke hinzugeben und das Ganze 10 Minuten dämpfen. Danach das Fleisch mit dem Bratensaft hineingeben. Den Fisch unterheben und ein paar Minuten sieden lassen.
Nun die Kürbiskerne untermengen, kurz mitköcheln lassen und anschließend den geschnittenen Blattspinat hinzugeben. Das Ganze noch mal 5 Minuten leicht aufbrutzeln. Mit Kochbananen, Reis oder Süßkartoffeln heiß servieren.

Zutaten

- 2 Bündel Blattspinat (Kontomire)
- 500 g Fleisch
- 4 mittelgroße Tomaten
- 2 große Zwiebeln
- 500 g smoked fish Tilapia (Buntbarsch)
- 8 EL Melonenkerne (Afrika-Lebensmittelladen)
- alternativ auch Kürbiskerne oder Sonnenblumenkerne
- 200 g kleine „Abeduru" Pebble Garden Eggs (Afrika-Lebensmittelladen)
- 125 ml Palmöl von der Palmölpflanze (Afrika-Lebensmittelladen)
- 2 TL getrocknetes Shrimps-Pulver (Afrika-Lebensmittelladen)
- 20 g frischer Ingwer (hauchdünne Scheiben)
- Knoblauch
- Salz
- 1 TL frischer Pfeffer (süß)

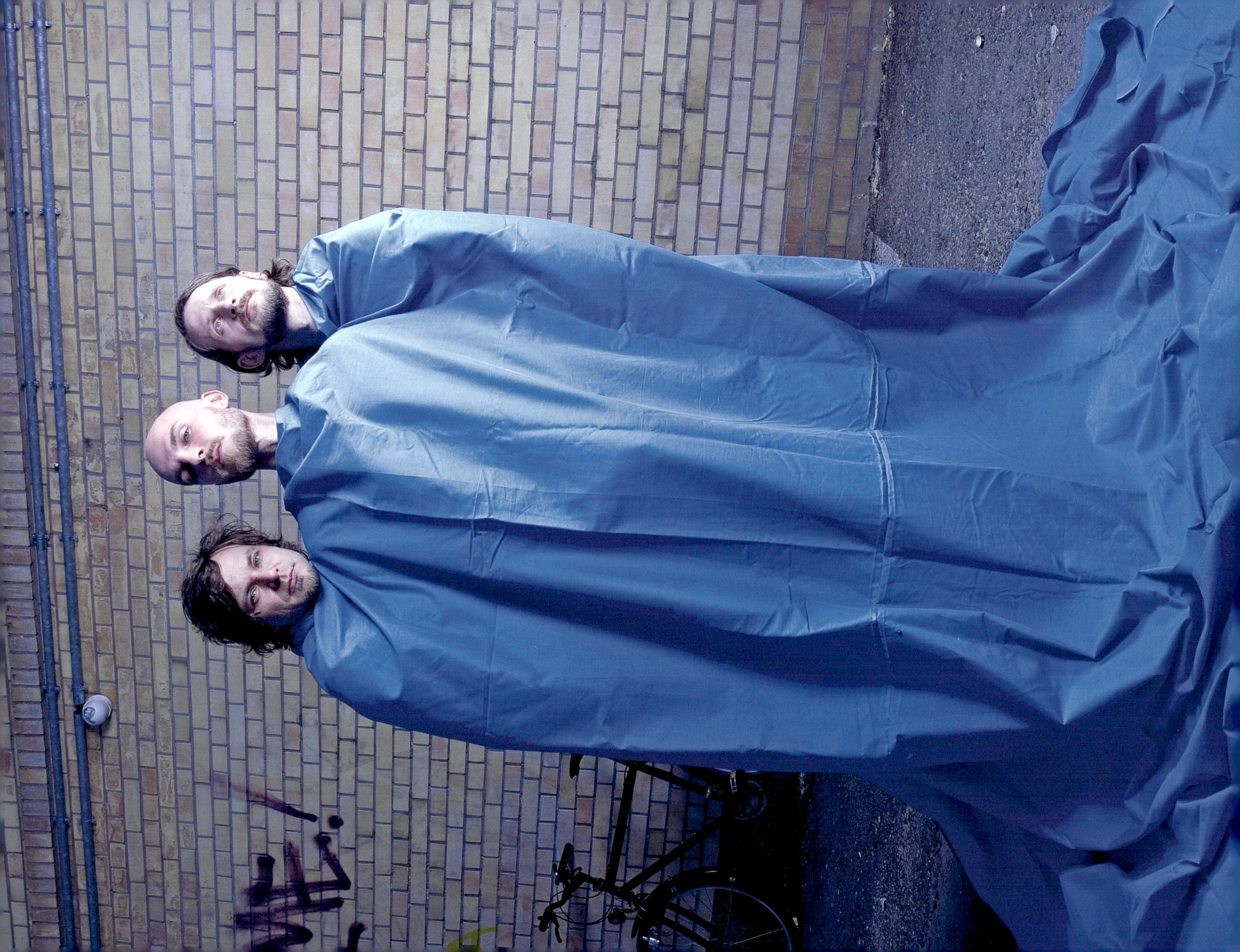

PLAYMOBEAT

CHRIS HEINY, DAVID PÄTSCH, ANDI BÜHLER

Strieble

Zubereitung

In die lauwarme Milch etwas Salz einstreuen und Butter zergehen lassen. Inzwischen zwei Eier auftrennen, das Eigelb zurückhalten und das Eiweiß zu Schnee schlagen. Das Mehl in die Milch geben und zu einem glatten Teig anrühren. Nun die zwei Eigelb unterrühren und kurz vor dem Ausbacken den Eischnee unterheben. Fett erhitzen (z. B. in einer Kasserolle). Durch einen Trichter lässt man den Teig kreisförmig ins heiße, schwimmende Fett einlaufen und backt die Strieble auf jeder Seite hellgelb.

Viel Spaß beim Nachbacken wünschen die Trommler aus der Playmobeat-Küche!

Zutaten

- 1/2 l Milch
- 65 g Butter
- Salz
- 250 g Mehl
- 2 Eier
- 250 g Fett (z. B. Palmin)

Apfelküchle à la Gomezz

Wenn man auf Tour ist und fast jeden Tag in einer anderen Stadt aufwacht, weiß man gewisse Regelmäßigkeiten und Gewohnheiten zu schätzen. Die angenehmsten Gewohnheiten auf einer unserer Touren hießen Andy und Tobi. Sie brachten es fertig, uns jeden Tag mit ihren Kochkünsten zu überraschen. Woran wir uns alle erinnern, ist der Tag, an dem es das erste Mal Apfelküchle als Nachspeise gab. Nachdem alle erst einmal Bauchschmerzen hatten, weil niemand genug davon bekommen konnte, beschlossen wir einstimmig eines: Für den Rest der Tour regelmäßig Apfelküchle!

Hier das Rezept zum „Nachbauen"

Ca. 500 g Mehl mit 2–3 EL braunem Zucker, zwei Eiern, einer Prise Salz und Bier nach Bedarf zu einem zähflüssigen Teig verrühren. Pro Person einen Apfel schälen (für mich auch gerne eine größere Menge) und das Kernhaus ausstechen. In ca. 1 cm dicke Ringe schneiden.
Reichlich Pflanzenöl in einer Pfanne oder in einem flachen Topf erhitzen. Die Apfelringe durch den Bierteig ziehen und vorsichtig ins heiße Öl legen. Sobald eine Seite goldgelb gebacken ist, mit zwei Gabeln wenden. Sind beide Seiten gebacken, aus der Pfanne nehmen und auf ein Küchentuch legen. Die noch heißen Apfelküchle in Zimtzucker wenden und mit Vanilleeis oder Vanillesoße (am besten mit beidem!) servieren.

Vanillesoße mit Schnee, anno 1920

1/2 l Milch mit zwei längs aufgeschnittenen Vanillestangen kochen. Eigelb und Eiweiß von zwei Eiern trennen. Das Eigelb mit 1 EL Zucker kräftig verrühren und mit der kochenden Milch übergießen. Auf kleiner Stufe unter ständigem Rühren dick werden lassen, nicht kochen.
Das Eiweiß steif schlagen und unter die etwas abgekühlte Soße rühren. Warm servieren.

Viel Spaß damit und denkt daran, euch nicht zu überessen!

Euer Gomezz

STEPHAN EMIG

Dampfnudeln

Hier kommt mein Lieblingsessen – ein Originalrezept meiner Oma und Gold wert. Bei ihren Dampfnudeln ist es jedoch wie mit Thomas Langs Bassdrumspiel: Eigentlich ist klar, wie es geht, aber irgendwie kann er es besser :-) Doch das sollte uns nicht am Versuch hindern und ich kann nur jedem ans Herz legen, dieses typisch süddeutsche Gericht mal auszuprobieren.
Dampfnudeln können sowohl eine süße als auch eine herzhafte Mahlzeit sein. Darüber entscheidet die Menge Salz, die man verwendet und ob man eine Vorspeise oder eine Beilage serviert.
Wichtig: Rechtzeitig mit der Vorbereitung anfangen, da der Teig gehen muss (ca. 2 Stunden vor dem Essen). Aber nicht den gesamten Wein schon vorher trinken ...

Zutaten für 4 Personen
500 g Mehl
1 Würfel Hefe
150–200 ml Milch
100 g Zucker
1 Prise Salz
100 g Margarine
1 Ei

Zubereitung Dampfnudeln

Das Mehl in eine Schüssel geben, in die Mitte die Hefe krümeln und etwas Zucker hinzufügen. Die Milch lauwarm auf Zimmertemperatur erhitzen. Etwas zur Hefe hinzufügen und mit dem Zucker und ein wenig Mehl zu einem Vorteig verrühren. Die Margarine in die restliche warme Milch geben und weich werden lassen. Dann das Ei, den restlichen Zucker und die Milch mit der Margarine zum Vorteig geben und einen Teig kneten.
Den Teig gehen lassen, bis sich die Menge etwa verdoppelt hat. Durchkneten und kleine tennisballgroße Klöße formen. Diese auf einer bemehlten Unterlage nochmals gehen lassen.
1 EL Margarine und etwas Salz in eine Pfanne geben und mit Wasser (Menge einer Kaffeetasse) aufkochen. Drei bis vier Klöße in die Pfanne und Deckel drauf (wenn möglich, Glasdeckel).
Bei mittlerer Temperatur ca. 15 bis 20 Minuten „dampfen“, bis die Flüssigkeit verdampft ist.
Den Deckel vorher nicht öffnen!

Als herzhafte Beilage oder Vorspeise passt dazu eine Kartoffelsuppe. Als süße Beilage empfehle ich Weinschaumsoße:

Zubereitung

1 EL Kartoffelmehl mit 1 EL kaltem Wasser anrühren. Dann 1/2 l Weißwein, 100 g Zucker, Saft einer 1/2 Zitrone, 1/2 Päckchen Vanillezucker und drei Eier hinzugeben. Auf kleiner Hitze mit dem Schneebesen durchgehend schaumig schlagen, bis die Masse kocht. Alles von der Kochplatte nehmen und noch etwas weiter schlagen, damit es nicht gerinnt.
Warm oder kalt zu den Dampfnudeln servieren.

Als Getränk empfehle ich einen nicht zu trockenen Weißwein.

BERTIL MARK

Zutaten
2 Dosen Tomaten
1 Knoblauchzehe
2–3 Zwiebeln
2 frische Paprika
1 Zucchini
1–2 Möhren
2–3 Packungen Viana Veggi Hack
1 Packung Spinat
1 Becher Sahne
Lasagneblätter
5–6 Tomaten
Gratinkäse
1–2 Gemüse-Brühwürfel
Sonnentor Scharfmacher
2 EL brauner Zucker
Salz, Pfeffer
1 Zitrone
etwas Öl

Vegetarische Lasagne

Zubereitung

Öl in einem Topf erhitzen, Knoblauch klein schneiden und dazugeben.
Die Dosentomaten hinzufügen und ca. 30 Minuten köcheln lassen. In der Zwischenzeit Zwiebeln, Paprika, Zucchini sowie Möhren in kleine Würfel schneiden und in der Pfanne anbraten. Das Veggi Hack und das angebratene Gemüse in die Tomatensoße geben. Alles weiter köcheln lassen.
Inzwischen den Spinat erwärmen. Sahne in einem Gefäß mit etwas Gemüsebrühe, Salz, Pfeffer und Zitronensaft würzen. Die Tomatensoße mit Salz, Pfeffer, Scharfmachergewürz und Zucker abschmecken (ruhig stark würzen!).
In eine Auflaufform etwas Öl geben und eine Schicht Lasagneblätter auslegen, Tomatensoße darüber verteilen. Eine Schicht Lasagneblätter auslegen, Tomatensoße darüber verteilen. Eine Schicht Lasagneblätter auslegen, den Spinat darüber verstreichen und zwei Drittel der Sahne darüber verteilen. Nudeln und Tomatensoße so lange schichten, bis die Form gefüllt bzw. die Soße verbraucht ist.
Auf die letzte Schicht Tomatensoße die in Scheiben geschnittenen Tomaten legen, mit Salz, Pfeffer und Scharfmacher würzen und die restliche Sahne darüber gießen.
Zum Schluss den Gratinkäse darüber streuen.
Die Lasagne im Ofen bei 170 Grad ca. 40 Minuten backen.

Bon appétit!

MAZE

MATTHIAS MEUSEL

Spaghetti & Käse-Sahne-Sauce

Ein Gericht, das mich vor allem in meinen Anfangszeiten oft begleitet hat – zu Hause aber auch heute noch ... schnell, lecker und sättigend :-)

Zubereitung

1. Großen Topf mit gesalzenem Wasser für die Nudeln aufsetzen.
2. Olivenöl in weiterem Topf erhitzen, Zwiebeln in kleine Würfel schneiden und anbraten.
3. Sahne dazugeben und erhitzen (nicht kochen).
4. Mit Salz und Pfeffer würzen.
5. Schmelzkäse in die heiße Sahne geben und zum Schmelzen bringen.
6. Gewürfelten Schinken einrühren.
7. Gepressten Knoblauch dazugeben.
8. Erbsen unterheben.
9. Mit Salz und Pfeffer abschmecken.
10. Nudeln ins Wasser geben und al dente kochen.
11. Servieren.

15 Minuten ... und schon gibt's Essen :-)
Herrlich!

Zutaten für 4 Personen

- 500 g Spaghetti
- 400 g Schmelzkäse
- 400 ml Sahne
- 150 g gekochter Schinken
- 4 Knoblauchzehen
- 2 Zwiebeln
- 1 Handvoll Erbsen
- Salz, Pfeffer
- Olivenöl

SEBASTIAN
CAPTAIN
SCHMIDT

Schokoausbruch mit Whisky-Absturz

Das ist der beste Schoko-Nachtisch, den es gibt – und ich hab sie alle gehabt! Kleine Schokokuchen, innen noch heiß und flüssig, serviert mit einem Schaum – mit Whisky drin. Eine tolle Kombi, vor allem an kalten Tagen. Viele kleine Schritte, aber ein einfaches Rezept! Los geht's ...

Zutaten Schokoausbruch
100 g Butter
80 g Zucker
2 ganze Eier und 2 Eigelb (Eiweiß aufheben für den Schaum)
80 g Mehl
100 g dunkle Schokolade (gute Qualität schmeckt man – also mindestens die 70%ige Hamann-Zartbitter nehmen)

Zutaten Whisky-Schaum
150 ml Milch
150 ml Sahne
80 g Zucker
3 Eigelb (Eiweiß aufheben)
6 EL Whisky (am besten kräftigen Scotch, wenn man's rauchig-torfig mag: Lagavulin oder Laphroaig)

Zubereitung Schokoausbruch

Schön weiche Butter rührt ihr gut mit dem Zucker zusammen. Die Eier und das Eigelb eins nach dem anderen dazu. Das Ganze schaumig rühren. Dann das Mehl und die geschmolzene Schokolade dazu.
Die Innenränder von vier ofenfesten Kaffeetassen mit Butter einreiben und mit Zucker panieren – so bekommt man die Schokobrocken nach dem Backen easy wieder raus.
Den Kuchenteig in die Tassen füllen und für ein paar Stunden ins Tiefkühlfach stellen (in dieser Zeit zum Beispiel den Whisky-Schaum bereiten).
Nun die Tassen in den auf 180 Grad vorgeheizten Ofen werfen. Nach 15 Minuten mal testen: Einfach mit einem Holz-(Schaschlik-)Spieß in den Teig am Tassenrand stechen. Wenn Teig kleben bleibt, braucht es noch.

Zubereitung Whisky-Schaum

Milch und Sahne zusammen erhitzen. Den Zucker mit dem Eigelb in einem anderen Topf gut verrühren und die heiße Sahne-Milch langsam einrühren. Den Whisky dazu – mit der Mengenangabe muss man nicht so streng sein ... Bei geringer Hitze weiterrühren, bis der Schaum langsam dick wird. Danach vom Herd nehmen und über einer Schüssel mit Eiswürfeln kalt rühren.
Was jetzt kommt, kann man machen, muss aber nicht: Um die Masse schön fluffig zu bekommen, das übrig gebliebene Eiweiß schlagen, bis ein fester Schaum entsteht und diesen vorsichtig mit der Whiskymasse vermischen. Fertig.
Die Schokotassen kopfüber auf kleine Teller stürzen und den Schaum dazu an die Seite geben. Jetzt noch ein kleines oder weniger kleines Glas vom selben Whisky dazu ... einfach ein Hammer!
Tipp: Eine Prise Himalaya-Salz in den Schokoteig geben. Das ist toll, weil die relativ großen Salzkristalle den Schokokuchen nicht insgesamt salzig machen, sondern nur an einigen wenigen Bissen salzig vorbeihuschen.

ELLEN MAYER

Grandad Street's Roastbeef mit Yorkshire Pudding

Die englische Tradition, Roastbeef mit Yorkshire Pudding zu essen, hat mein Urgroßvater Grandad Street an meinen Vater Heinz vererbt. Es ist mein absolutes Leibgericht, das viele Proteine enthält und Power bringt, die man für das Trommeln braucht! Nun freue ich mich, das Rezept weitergeben zu können, wünsche viel Spaß beim Kochen und einen guten Appetit!

Zutaten für 4 Personen

Für das Roastbeef:

- 1 kg Roastbeef
- 60 g Butter
- Salz und Pfeffer
- 2 Zwiebeln
- 1–2 Karotten
- 1 Scheibe Knollensellerie
- 1/2 Tasse Fleischbrühe
- 3 EL Whiskey

Für den Yorkshire Pudding:

- 120 g Mehl
- 1 Prise Salz
- 1 Ei
- 60 ml Wasser
- 100 ml Milch
- 30 g Butter

Zubereitung

Ich empfehle, zuerst den Teig für den Yorkshire Pudding zu bereiten, damit das Roastbeef und der Yorkshire Pudding gleichzeitig fertig werden: Mehl und Salz in eine Schüssel sieben, danach das Ei und das Wasser dazugeben. Zu einem Teig verrühren. Die Milch erwärmen, zum Teig dazugeben und alles gut vermengen. Nun den Teig mit einem Geschirrtuch abdecken und beiseite stellen.
Das Roastbeef mindestens 2 Stunden vor der Zubereitung aus dem Kühlschrank nehmen.
Den Backofen auf 180 Grad vorheizen. Die Zwiebeln in Ringe schneiden, Karotten und Knollensellerie schälen und würfeln. Das Roastbeef auf beiden Seiten gut salzen und pfeffern. Zum Anbraten die Butter klären*.
Danach das Roastbeef in einer Casserole auf beiden Seiten scharf anbraten. Die Zwiebelringe, Karotten und den Knollensellerie dazugeben und mit einer halben Tasse Fleischbrühe ablöschen. Das Ganze für eine halbe Stunde in den vorgeheizten Backofen schieben. Ohne Deckel garen lassen.
Nun die Casserole aus dem Backofen nehmen, Deckel drauflegen und 15 Minuten ruhen lassen.
Das Roastbeef wenden, mit Whiskey beträufeln und eine weitere halbe Stunde ohne Deckel im Backofen garen lassen. Das Roastbeef ist bei einer Kerntemperatur (Fleischthermometer) von 58 bis 60 Grad „medium“ gebraten.
Die Casserole aus dem Backofen nehmen und den Backofen für den Yorkshire Pudding auf 210 Grad erhitzen. Den Fleischsaft abgießen und später als Soße servieren. Dann das Roastbeef mehrfach in Alufolie einschlagen und 15 Minuten zugedeckt in der Casserole ruhen lassen.
Weiter mit dem Yorkshire Pudding: Die Butter auf zwölf kleine Backförmchen verteilen und auf einem Backblech ein paar Minuten in den Ofen schieben, damit die Butter schmilzt. Nun den Teig gleichmäßig auf die Backförmchen verteilen. 10–15 Minuten backen, bis die Yorkshire Puddings aufgegangen sind. Sie sollen ungefähr die Größe und Form von Muffins bekommen und können leicht braun werden. Aber auf keinen Fall zu dunkel backen!
Jetzt hat das Roastbeef ausreichend zum Servieren geruht. Den Bratensaft über die Yorkshire Puddings und über das Roastbeef gießen. Dazu reicht man Salat oder Gemüse.

* Butter klären bedeutet, dass man die Eiweißbestandteile aus der Molke von dem Fett der Butter trennt. Das geht so: Man erwärmt die Butter vorsichtig in einem kleinen Topf. Sobald die Butter flüssig geworden ist, setzt sich oben ein weißer Schaum ab. Diesen schöpft man mit einem kleinen Sieb ab. Übrig bleibt das reine Fett der Butter, das viel stärker erhitzt werden kann und ganz klar aussieht. Deshalb nennt man sie geklärte Butter.

BODEK JANKE

Warmes Energie-Frühstück

... inspiriert durch Hildegard von Bingen, Ayurveda und TCM

Ein warmes Frühstück ist eine großartige Energiequelle für den Tag. Als Musiker hat man oft unregelmäßige Schlafens- und Essenszeiten. Gerade in solchen „Anti-Routinen" ist es wichtig, seinem Körper und Geist ab und zu was Gesundes zu gönnen!
Schon allein während der konzentrierten Zubereitung dieses Gerichts wirst du merken, wie sich deine Nerven beruhigen, deine Sinne fokussieren und sich dein Körper voll guter Kraft „aus dem Korn" auflädt.
Über den Dinkel, der mittlerweile zu meinen Hauptnahrungsmitteln gehört, sagte Hildegard von Bingen vor 850 Jahren: „Dinkel bereitet gutes Blut, stärkt das Muskelwachstum und die Gabe des Frohsinns."
Hier findet ihr eine Kombination aus Zutaten und Gewürzen, die ich persönlich als optimal und ausgeglichen empfinde – vegetarisch bzw. vegan. Selbstverständlich kann man alle denkbaren Variationen daraus improvisieren (ein paar Alternativen jeweils in Klammern) oder Zutaten weglassen – Kochen ist schließlich ein bisschen wie Jazz ... und jeder Mensch hat einen anderen Magen!

Zutaten Getreide

- 1 Tasse Kochdinkel (oder Hirse, Hafer, Reis, gerösteter Buchweizen)
- 2 bis 2 1/2 Tassen Wasser
- 1 Prise Salz, Kreuzkümmel, Lorbeerblatt (Stern-Anis)
- 1 EL Rosinen (getrocknete Aprikosen)
- 1 EL Sonnenblumenöl (Butter, Ghee)

Zutaten Gemüse

- 1/2 Zwiebel
- 1 Knoblauchzehe
- frischer Ingwer
- 3 EL Sonnenblumenöl (Olivenöl, Sesamöl, Butter, Ghee)
- 2 mittelgroße Möhren (Pastinaken, Rote Beete, Petersilienwurzel)
- 1 kleines Stück Sellerieknolle
- 1/2 Fenchelknolle
- 1/2 Chicorée (Mangold, Radicchio, Endiviensalat)
- Thymian, Bohnenkraut, Galgant, bunter Pfeffer (Rosmarin, Quendel oder, falls man mehr in Richtung Indien gehen möchte, Kalonji, Koriander, Muskatnuss, Kardamom)
- Wasser zum Dünsten
- Steinsalz

Zubereitung

Das Getreide in einem Kochtopf zusammen mit Wasser und den angegebenen Zutaten kurz aufkochen lassen, dann auf niedrigster Stufe bei geschlossenem Deckel weich kochen (je nach Getreideart 25–60 Minuten). Bei Bedarf gelegentlich Wasser nachgießen und umrühren, ausquellen lassen.
Währenddessen die Zwiebel schneiden und kurz in der trockenen Pfanne erhitzen.
Öl, halbierte Knoblauchzehe, klein geschnittenen frischen Ingwer (Menge nach Vorliebe) und Gewürze dazugeben. Dann der Reihe nach klein geschnittene Sellerie-, Möhren- und Fenchelstücke hinzugeben.
Herdplatte von höchster auf mittlere Stufe reduzieren. Etwa 1/2 Tasse Wasser und Salz dazu, Deckel drauf. Nach ca. 10 Minuten Knoblauch rausnehmen, grob zerrupfte Chicoréeblätter dazu und wieder Deckel drauf. Hitze auf ein Minimum reduzieren.

Die verbleibenden Minuten ein paar Atemübungen, Yoga-Sonnengrüße, Qi-Gong oder Ähnliches – und der Tag ist gerettet!

BENNY GREB

Bennys Broccolisuppe

Dieses Gericht ist mein traditionelles „Tournachhausekommessen". Die Magie hinter dieser Suppe ist, dass sie im Grunde nur aus Wasser und Broccoli besteht. Pur, gesund, einfach, schnell, voller Power, unglaublich lecker. Sie ist simpel, aber – wenn richtig gemacht – nicht doof. Scheinbar gilt beim Kochen dasselbe wie bei vielen Drumparts: Weniger ist mehr. Naja, legen wir los ...

Ihr braucht für eine Portion:

- 1 Broccoli
- Salz, Pfeffer
- optional etwas kräftigen Ziegenkäse – that's it

Ansonsten:

Einen Mixer, zwei Töpfe, ein Sieb, Besteck, einen Tisch, eine Wohnung, Luft zum Atmen ... verzeiht, ich schweife ab.

Und so geht's:

Frischen, dunkelgrünen Broccoli so schneiden, dass ihr den dicken Stiel wegwerfen könnt und kleine Bäumchen übrig bleiben. Salzwasser zum Kochen bringen, Broccoli ins Wasser – den Broccoli würzen und mit Deckel auf dem Topf 4 Minuten kochen. Optional 1–2 dünne Scheiben Ziegenkäse abschneiden (Tipp: mit heißem Messer). Nach 4 Minuten den Broccoli vom Herd nehmen – und jetzt kommt der Trick! Mit einem weiteren Topf und Sieb den Broccoli so abgießen, dass ihr das Wasser im Topf unter dem Sieb auffangt. Damit erhaltet ihr automatisch eine „Broccolibrühe", die den ganzen guten Geschmack und die Würze enthält.

Geschmacksverstärker, Hühnerbrühe, Zwiebeln, Weißwein oder sonstiger Unfug würde alles nur zur braunen Plörre machen. Oh ... wir müssen weitermachen.

Schnell den noch dampfenden Broccoli in den Mixer geben und bis zur Hälfte mit Broccolibrühe auffüllen. Uuund mixen. Aufpassen: gut schließen, denn ... heiß. Vor dem Ausgießen abschmecken und bei Bedarf nachwürzen.

Servieren:
Die Scheibe Ziegenkäse (evtl. mit einer Walnuss) in eine Tasse oder einen Suppenteller geben, Broccolisuppe einfüllen. Ein paar Spritzer Olivenöl dazu. Fertig!

Wahnsinn – willkommen zu Hause.

(Ursprungsrezept von Gardon Ramsay)

KILLER

CLAUDIA LIPPMANN

Zutaten für 4 Personen
4 Straußensteaks
16 Scheiben Serranoschinken
100 ml Olivenöl
1 Bund Petersilie
1 Bund Basilikum
4 Knoblauchzehen
1 rote Zwiebel
100 g Pinienkerne
6 Zweige Thymian
6 Zweige frischer Oregano
Salz
Pfeffer
Für die Nudeln:
500 g Farfalle
2 Zucchini
2 rote Paprika
250 g Kirschtomaten
80 g Pinienkerne
2 Knoblauchzehen
Olivenöl
Salz
Pfeffer
Thymian
Basilikum
Petersilienblatt

Straußensteak à la Killer

Straußensteak im knusprigen Serrano-Kräutermantel an Gemüse-Farfalle

Zubereitung

1. Für den Serrano-Kräutermantel Petersilie, Basilikum, Thymian und Oregano waschen und zerkleinern. Zwiebeln und Knoblauch abziehen und ebenfalls klein hacken. Die Pinienkerne dazugeben und alles mit Olivenöl zu einer feinkörnigen Masse vermengen, dann mit Salz und Pfeffer abschmecken.
2. Den Serranoschinken auf einer Frischhaltefolie auslegen (vier Scheiben pro Filet) und die Pinienkern-Kräutermasse gleichmäßig darauf verteilen. Die Filets jeweils mittig darauflegen und mit dem Schinken einrollen. Das Ganze kurz von beiden Seiten scharf anbraten und danach noch mal für 15 bis 20 Minuten in den Ofen bei 150 Grad zum Nachziehen geben.
3. Für die Farfalle die Zucchini würfeln und die Paprika in dünne Streifen schneiden. Dann die abgezogenen Knoblauchzehen klein hacken. Die Pinienkerne in der Pfanne anrösten und beiseite stellen. Das Gemüse und den Knoblauch in Olivenöl anbraten. Ganz zum Schluss Gewürze (je nach Geschmack) und die halbierten Kirschtomaten dazugeben.
Die Nudeln rechtzeitig kochen, kurz abtropfen lassen und sofort in die Pfanne zum Gemüse geben. Alles gut vermengen und gegebenenfalls mit Salz und Pfeffer nachwürzen.
Das fertig gebackene Straußensteak aus dem Backofen holen und auf einem flachen Teller mit der Gemüse-Farfalle anrichten.

Guten Appetit!

ANDREAS NOWAK

Knoblauchsuppe

Zutaten
8 Knoblauchzehen
4 Toastscheiben, in Würfel geschnitten
2 Eier
1 l Fleischbrühe (kann auch Instant sein)
4 EL Olivenöl
Salz und Pfeffer

Zubereitung

Die Knoblauchzehen werden schön zerkleinert und anschließend im erhitzten Olivenöl gedünstet. Dann gibt man das Toastbrot hinzu und röstet es relativ kross. Mit der Fleischbrühe kocht man das Ganze kurz auf. Danach kommen die gequirlten Eier rein und anschließend schmeckt man mit Salz und Pfeffer ab. Fertig!

Guten Appetit.

Das Gute an dem Gericht ist, dass die Saitenspieler und Vokalisten nicht mehr auf das Podest des Schlagzeugers steigen ...

RAY GATTNER

Lammlachse mit Prinzessbohnen und Rosmarinkartoffeln

Zubereitung

6–8 Stunden vor der Zubereitung legt man das Lammfleisch in eine Marinade aus Knoblauch (2–3 geriebene Zehen), reichlich Kräutern der Provence, Pfeffer und Öl.
Zubereitungszeit ca. 30–40 Minuten.
Gewünschte Menge an Kartoffeln aufsetzen und 20–25 Minuten als Pellkartoffeln kochen. Dann die Kartoffeln pellen und in 3–4 mm dicke Scheiben schneiden.
Genügend Öl in der Pfanne erhitzen, Kartoffelscheiben und Schalottenringe gleichzeitig dazugeben, mit Salz, Pfeffer und reichlich Rosmarin würzen. Alles 3–4 Minuten unter ständigem Wenden anbraten, dann mit geschlossenem Deckel in der Pfanne ca. 10 Minuten auf halber Stufe weiter braten lassen – ab und zu wenden.
Bohnen waschen, Enden abschneiden. Die Bohnen in einen Topf geben, leicht mit Wasser bedecken. Das Wasser mit Salz und Bohnenkraut würzen. Bohnen ca. 7–10 Minuten kochen. Wenn die Bohnen bissfest gegart sind, mit einem Haarsieb abgießen und dabei das Bohnenkraut mit auffangen. Bohnen mit Bohnenkraut sowie ein kleines Stück Butter wieder in den Topf zurückgeben und leicht mit Zwiebelpulver würzen. Dabei noch mal erwärmen.
Lammlachse aus der Marinade nehmen, zunächst nur mit etwas Pfeffer, Lammgewürz, Kräutern der Provence und wenig Zwiebelpulver würzen. Falls zur Hand, 2–3 frische Rosmarinzweige in die Pfanne legen. Lamm kurz und scharf anbraten (höchstens 2–3 Minuten), so dass es rosé bleibt. Zum Testen mit einer Gabel leicht darauf drücken. Federt diese zurück, ist das Fleisch fertig. (Bevorzugt man das Fleisch eher durchgebraten, einfach etwas länger in der Pfanne lassen.) Erst ganz zum Schluss leicht salzen und die Lammlachse direkt aus der Pfanne heiß servieren.
Kartoffeln und Bohnen dazu reichen.

Getränke-Empfehlung: Trockener, kräftiger Rotwein (z. B. Lemberger, Dornfelder oder Bordeaux).

Guten Appetit.

Zutaten für 2 Personen
400 g Lammlachse oder Lammfilets
400 g frische Prinzessbohnen
ca. 6–7 mittelgroße, festkochende Kartoffeln (möglichst gleiche Größe)
2–3 Schalotten
bunter Pfeffer aus der Pfeffermühle
Salz
Lammfleisch Gewürzmischung (z. B. Lamm-Gewürz von Schuhbeck)
Bohnenkraut
Kräuter der Provence
Rosmarin (frisch oder gerebelt)
2–3 frische Knoblauchzehen
Zwiebelpulver
Sonnenblumenöl
Butter

FAROUK GOMATI

Kolumbianischer Kokosnuss-Reis Arroz con Coco
mit Shrimp Creole Camarones à la Criolla
und Kokosnuss-Limonade Limonada de Coco

Zutaten Kokosnuss-Reis
2 Tassen Kokosmilch (frisch oder aus der Dose)
8 EL Rohrzucker
2 Tassen Langkornreis
4 Tassen Wasser
1/3 Tasse Rosinen (optional)
1 TL Salz
3 TL Butter

Zutaten Shrimp Creole
2 Pfund Shrimps (küchenfertig)
1 EL Butter
1 EL Pflanzenöl
2 Tassen gehackte Tomaten
1 Knoblauchzehe, fein gehackt
1/4 Tasse gehackte Zwiebeln
1/4 Tasse gehackte Petersilie
1/4 Tasse gehackter Koriander
1/4 Tasse gehackte rote Paprika
1/4 TL gemahlener Kreuzkümmel
Salz
Pfeffer, frisch gemahlen
2 Dosen Kokosmilch

Die Kokosmilch in einen Kochtopf geben und bei mittlerer Hitze etwa 30 Minuten kochen. Gelegentlich umrühren und darauf achten, dass die Kokosmilch am Boden nicht anbrennt. Nach 30 Minuten wird die Kokosmilch zu einer bräunlichen Paste.
(Diese Paste heißt „Titote“ auf Spanisch.)
Jetzt den Rohrzucker in die Titote einrühren. Anschließend den Reis hinzufügen, alles gut vermengen. Danach Wasser, Rosinen und Salz hinzugeben und das Ganze aufkochen. Nur einmal umrühren. Die Hitze reduzieren, Deckel auf den Topf und etwa 30–35 Minuten ziehen lassen, bis der Reis das Wasser aufgenommen hat. Den Topf vom Herd nehmen, die Butter einrühren und 5 Minuten stehen lassen. Heiß servieren und genießen.

Während der Reis zieht, werden die Shrimps angerichtet. Wasser aufkochen, dann die Hitze ausschalten und die Garnelen ins Kochwasser geben. Deckel auf den Topf und die Garnelen 1 Minute im heißen Wasser lassen. Anschließend abgießen und die Garnelen beiseite legen.
In einem großen Topf bei mittlerer Hitze Butter und Pflanzenöl schmelzen. Dann die Zwiebeln, Tomaten, Paprika, Knoblauch, gemahlenen Kreuzkümmel, Salz und Pfeffer hinzugeben und etwa 10 Minuten kochen lassen. Gelegentlich umrühren.
Die Kokosmilch dazugeben und die Sauce aufkochen. Danach die Hitze reduzieren. Die Garnelen in die Sauce geben und alles 5 Minuten lang aufkochen. Anschließend den Topf vom Herd nehmen und die gehackte Petersilie und den gehackten Koriander unterheben. Wenn nötig, mit Salz und Pfeffer würzen.
Jede Portion Shrimp Creole wird in einer Schüssel mit Kokosnuss-Reis serviert.

Dazu gibt's Limonada de Coco.

Zutaten
1 Becher Kokosmilch, 2 1/2 Tassen Eiswürfel, Saft von 5 Limetten, 2 EL Zucker (wer will).
Alle Zutaten in einem Mixer zerkleinern und durchmengen. Sofort servieren und genießen.

KATHA MIA

Khao Pad Gung

Gebratener Reis mit Garnelen

Das Rezept stammt aus Thailand. Ich liebe Thaifood. ;-)

Zubereitung

1. Reis kochen und abkühlen.
2. Zwiebeln und Knoblauch hacken.
3. Öl im Wok erhitzen.
4. Zwiebeln und Knoblauch darin glasig braten.
5. Garnelen bzw. Flusskrebsschwänze hinzugeben und 3–4 Minuten braten.
6. Tomaten häuten und würfeln.
7. Frühlingszwiebeln hacken.
8. Die Tomatenwürfel, die Chilisauce, das Salz und die Schrimps-Paste zum abgekühlten Reis in den Topf geben.
9. Vorsichtig mit den Garnelen, Zwiebeln und Knoblauch vermengen.
10. Alles zusammen erhitzen.
11. Eier quirlen und unterrühren.
12. Mit den gehackten Frühlingszwiebeln und den gehackten Korianderblättern servieren.

Zutaten für 2–3 Personen

250 g Reis
1–2 Zwiebeln
1 Knoblauchzehe
4 EL Öl
300 g Garnelen (oder Flusskrebsschwänze)
2 Tomaten
2 TL Chilisauce
250 g Frühlingszwiebeln
1 TL Salz
1 TL Schrimps-Paste
3 Eier
1 EL gehackte, frische Korianderblätter

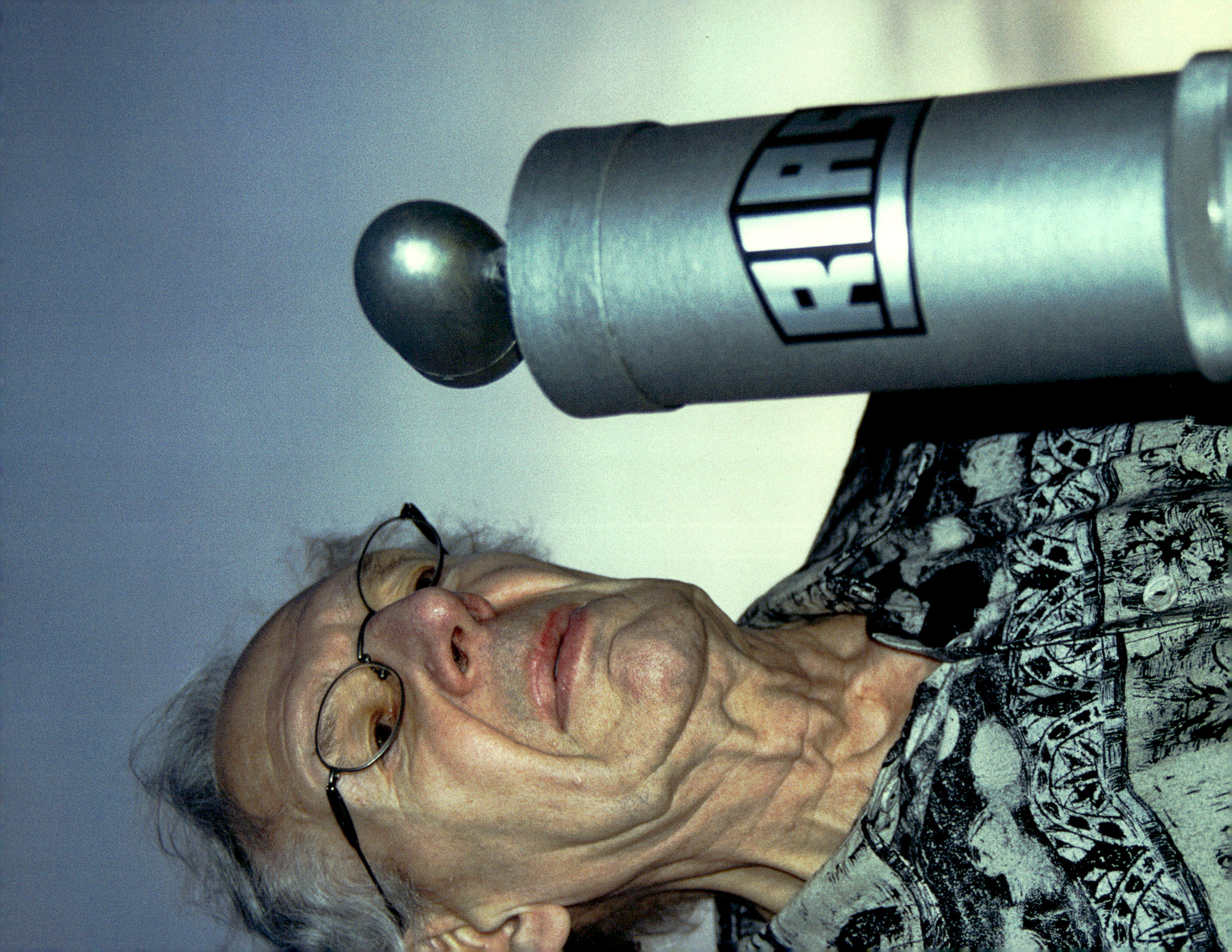

FRANZ KRÜGER

Eine 80-jährige Schlagzeuger-Karriere: „... und ich bereue keinen Moment davon."

Birnenklöße

Schon früh habe ich meiner Mutter beim Kochen in die Töpfe geguckt. Ich war noch ziemlich klein, stand auf einer Fußbank und musste mich an der blanken Messingstange am Herd festhalten. Meine Lieblingsspeise waren immer schon Birnenklöße.

Zubereitung

Möglichst harte Birnen schälen, das Kerngehäuse entfernen und die Früchte in Viertel längs aufschneiden. Danach in Wasser legen, etwas Zucker, einige Gewürznelken und eine Zimtstange hinzugeben. Das Ganze 2–3 Stunden langsam kochen, bis die Birnen wirklich weich sind.
Aus Mehl, Milch, Eiern, Zucker, Rosinen und abgeriebener Zitronenschale einen Teig kräftig kneten, daraus Kugeln formen und in heißes Wasser legen. Gar kochen.
Die Birnenflüssigkeit mit etwas Kartoffelmehl (oder Mondamin) binden und über die fertigen Klöße gießen.

Zutaten

- Birnen (harte)
- Zucker
- Gewürznelken
- 1 Zimtstange
- Mehl
- Milch
- Eier
- Rosinen
- Zitronenschale
- Kartoffelmehl

SCHLAGZEUGER

Suppen & Eintöpfe

Pasta

Vegetarisch

Fleisch

Geflügel

Fisch

Insekten

Salat

Süsses

REZEPTE

PERSONEN REGISTER

Admiral Top Sahne (Möller, Rolf)
Extrabreit, Grobschnitt, Green, Oh Well, Büro der Realisation / 58Event

Behrens, Peter
Trio

Black, Randy
Primal Fear, Annihilator, Skew Siskin, Rebellion, DuskMachine

Bohr, Manni von
Randy Hansen, Bröselmaschine, Lenny Mac Dowell Band, Thomas Blug

Brand, Dirk
Milk Inc., Axxis, Gregor Hilden Band, Asia, Sascha Klaar Band

Breick, Anne
Kick La Luna, Ten On Tons, Female Soccer Beatz, Hochschule für Musik FFM

Bühler, Andi
Playmobeat, Electric Krause, The Booty Jive, Vallesanta Corde

Cortijo, José
Prof. für Latin Percussion, Jon Lord, Nina Corti, NDR-Bigband, Chris Thompson

Creemers, René
Drumbassadors, Blowbeat, Dozent Musikhochschule Arnheim und Rockakademie Tilburg

Cress, Curt
Curt Cress Clan, Tina Turner, Meat Loaf, Freddy Mercury, Udo Lindenberg

Dahmen, Udo
Kraan, Lake, A.Reichel, Nina Hagen, Künstl. Direktor Popakademie Baden-Württemberg

Dauner, Flo
Die Fantastischen Vier, Paul van Dyk, Thomas D, The Help, Dauner&Dauner

Eggert, Stephan (Stoppel)
Selig, James Last, Zinoba, Home Projekt, Tempeau

Emig, Stephan
Triosence, Christina Lux, Hamid Baroudi, Ritmo Del Mundo, Marquess

Engel, Bertram
Peter Maffay Band, Udo Lindenberg & Das Panikorchester

Erchinger, Dirk
Jazzkantine, Count Basic, D-Phunk, Drum Connection, Turbine Tempelhof

Escayola, Pablo
Trio Rio, James Last, Stefan Gwildis, Nils Gessinger

Essien, Mark
Herbert Grönemeyer Band, Howard Carpendale

Fermie, Bart
Ivan Lins, Maria Schneider, Angelique Kidjo, Randy Crawford, George Duke, 3HandsClapping

Fischer, Nils
Timbazo, CaboCubaJazz, Drums United, Nueva Manteca, Cubop City Bigband

Gattner, Ray
My Baby wants to eat your Pussy, Schlagzeugmafia, Independent

Gomati, Farouk
Jan Delay, Alex Campos, HR & NDR Big Band, König der Löwen

Gomezz
Reamonn, Stereolove

Greb, Benny
Stoppok, Blue Touch Paper, 3erGezimmer, Thomas D, Solo-Artist

Grey, Carola
Noisy Mama, Babelfish, Larry Coryell, Ravi Coltrane, Mike Stern

Gustke, Ralf
Söhne Mannheims, Schiller, Xavier Naidoo, Chaka Khan, Gianna Nannini, Nena

Haffner, Wolfgang
Chuck Loeb, Bill Evans, Chaka Khan, Till Brönner, Klaus Doldingers Passport

Hecht, Pitti
Scorpions, Randy Crawford, Paul Kuhn, Howard Carpendale, Höhner

Heiny, Chris
Playmobeat, Bosse, Blue Man Group

Hesselbach, Martin
Salsa Picante, Starlight Express, Sarah Brightman, We Will Rock You, Let`s Beat It - Drum Events

Heßler, Claus
Clinician, Autor, Instanz für open-handed playing und Moeller Technik

Janke, Bodek
Steffen Schorn, Matthias Schriefl, Olivia Trummer, Kristjan Randalu, global.dance.kulture

Killer (Lippmann, Claudia)
Carmen Brown & the Elements, Claude Oliver Rudolph, Substyle, XPQ-21

Krija, Rhani
Sting, Dominic Miller, Xavier Naidoo, WDR Bigband

Krüger, Franz
Schlagzeug-Pionier der 40er Jahre, Radio Tanz Orchester Berlin, Schauspieler

Lang, Thomas
StOrk, Robbie Williams, Falco, Sugababes, Ronan Keating

Lippmann, Claudia (Killer)
Carmen Brown & the Elements, Claude Oliver Rudolph, Substyle, XPQ-21

Ludin, Hakim
Konstantin Wecker, Hannes Wader, Steve Smith, Luis Conte, Jeff Hamilton

Marhold, Rudi
Götz Alsmann Band, Zimmer Frei! Kurorchester, Lippe-Saiten-Orchester, Tommy Emmanuel

Mark, Bertil
Thomas D, Gentleman, DISCOSTRESS, Popnomade

Mayer, Ellen
Ina Boo Band, Robin Gibb (Tour), Repetitorin des Kevin O'Day Ballett, Autorin, Drum Conversation

Maze (Matthias Meusel)
Mousse T., Roger Cicero, Tok Tok Tok, Take 6, Till Brönner

Merwijk, Lucas van
Drums United, Cubop City Big Band, Nueva Manteca, Van Merwijks Music Machine, Drumix!

Meusel, Matthias (Maze)
Mousse T., Roger Cicero, Tok Tok Tok, Take 6, Till Brönner

Mia, Katha
Mono Inc.

Mitteregger, Herwig
Nina Hagen Band, Spliff Radio Show, Spliff, H.M. Solo

Möller, Rolf (Admiral Top Sahne)
Extrabreit, Grobschnitt, Green, Oh Well, Büro der Realisation / 58Event

Müller, Holger
Ernst Hutter & die Egerländer Musikanten, Landespolizeiorchester Hessen, Workshops

Nickel, Jost
Jan Delay & Disko No.1, Mousse T. feat. Roachford & Omar, Seeed, Randy Brecker

Nowak, Andreas
Silbermond

Noya, Nippy
John McLaughlin, Billy Cobham, Chaka Khan, Udo Lindenberg, Peter Maffay

Pätsch, David
Playmobeat, Blue Man Group, Subway to Sally, Letzte Instanz

Paßlick, Markus
Götz Alsmann Band, Harald Schmidt Show, Matt Walsh Acoustic Quartet, Zimmer Frei! Kurorchester

Peil, Roland
Die Fantastischen Vier, Sarah Brightman, Till Brönner, Peter Maffay, Rolands Rumba

Philipzen, Matthias
Alea, Gadu Gadu, Ritter Rost Kinder-Musical, Clinician, Workshop-Dozent, Autor

Rein, Florian
Bananafishbones, Somersault, Chris Boettcher

Rep, Rachel
Farin Urlaub Racing Team F.U.R.T.

Riedhammer, Arnold
Münchner Philharmoniker, Blechschaden, Musikhochschule München, Komponist

Rubow, Oli
Hattler, Netzer, De Phazz

Rühl, Armin
Herbert Grönemeyer, Wolf Maahn, Herwig Mitteregger, Edo Zanki, Stahl

Schmidt, Sebastian „Captain"
Ich & Ich, Super700

Schomerus, Hilko
Randy Crawford, Dj Bobo, NDR Big Band, Mousse T., Inga Rumpf, Fury i.t.Slaughterhouse

Sengotta, Dirk
Sasha, Pointer Sisters, Stefan Raab, Rufus Thomas, Fred Wesley

Sicking, Altfrid M.
Götz Alsmann Band, Dozent, Workshop-Autor, Zimmer Frei! Kurorchester

Simon, Wolf
T.M. Stevens, De Phazz, Klaus Lage, Tic Tac Toe, Jon Lord

Sommer, Conny
Miguel Iven, Matamá, NDR Bigband, König der Löwen, Rolando Villazón

Steinmann, Dieter
Klaus Lage Band, T.M. Stevens, Six Was Nine, Wolf Maahn, Pe Werner

Stoeck, Martin „Stoecki"
Pur, Dieter Falk, John Miles, Roger Hodgson, Studio

Stoppel (Eggert, Stephan)
Selig, James Last, Zinoba, Home Projekt, Tempeau

Ströer, Ernst
Ströer Bros., Udo Lindenberg, Passport, Christian Prommer & Drumlesson, Kruder & Dorfmeister

T., Charly
Westernhagen, Lords, Chris Kramer, Plexiphones, Belfegore

Thoms, Peter
Helge Schneider, Dexter Gordon, Gummi Mambos, Happy Gangstas

Verdonk, Martin
Steve Winwood, Incognito, Richard Bona, Carl Verheyen, Chaka Khan

Vesper, Alex
DJ BoBo , Lena Meyer-Landrut, Drei vom Rhein, musikmachen.de

Vries, Wim de
Drumbassadors, Musical-Produktionen, themusicofoscarpeterson

Wolpers, Michael
Treibhaus, Soul Doctor, Freelancer

York, Pete
Spencer Davis Group, Hardin & York, Super Drumming, Chris Barber, Jon Lord

Zöller, Jürgen
BAP, Wolf Maahn & Die Deserteure, Supermax